NA PONTA DA LÍNGUA

CAETANO W. GALINDO

Na ponta da língua
O nosso português da cabeça aos pés

Copyright © 2025 by Caetano W. Galindo

*Grafia atualizada segundo o Acordo Ortográfico da Língua
Portuguesa de 1990, que entrou em vigor no Brasil em 2009.*

Capa
Alceu Chiesorin Nunes

Preparação
Ciça Caropreso

Revisão
Jane Pessoa
Clara Diament
Carmen S. da Costa

Dados Internacionais de Catalogação na Publicação (CIP)
(Câmara Brasileira do Livro, SP, Brasil)

Galindo, Caetano W.
  Na ponta da língua : O nosso português da cabeça aos pés /
Caetano W. Galindo. — 1ª ed. — São Paulo : Companhia das
Letras, 2025.

  ISBN 978-85-359-4021-3

  1. Etimologia 2. Língua e linguagem 3. Língua portuguesa –
História 4. Linguística I. Título.

24-245584   CDD-469

Índice para catálogo sistemático:
1. Língua portuguesa 469

Eliete Marques da Silva – Bibliotecária – CRB-8/9380

Todos os direitos desta edição reservados à
EDITORA SCHWARCZ S.A.
Rua Bandeira Paulista, 702, cj. 32
04532-002 — São Paulo — SP
Telefone: (11) 3707-3500
www.companhiadasletras.com.br
www.blogdacompanhia.com.br
facebook.com/companhiadasletras
instagram.com/companhiadasletras
x.com/cialetras

para Antônio Houaiss, que fez tudo antes de mim
para Sandra M. Stroparo, que faz de mim o que eu sou

Sumário

Comunicado da tripulação 9
Demonstração de princípios 27
Cabeça 45
Tronco 115
Pudenda................................ 162
Membros 205
De saída 253

Agradecimentos 259
Breve nota sobre as fontes 265

Comunicado da tripulação

Pare. Espere.

Perceba onde você está, com os olhos, os ouvidos, os sentidos. Todos.

Se você está lendo ou mesmo ouvindo este livro, há uma boa chance de você ser uma das pessoas privilegiadas da nossa sociedade que — como eu — têm algum tempo livre para uma atividade como esta, e que pode se dedicar a ela num ambiente seguro, seco, confortável.

Aproveite.

Se dê conta dessa situação e, se for a tua vontade, a tua inclinação, o teu estado de espírito, aproveite também para agradecer.

Você pode, é claro, dirigir esse agradecimento a uma figura divina, a uma linhagem de sábios. Ou também ao destino, aos fados, ao acaso. Pode, e provavelmente deve, acrescentar à sua lista de benfeitores uma fieira ininterrupta de ancestrais que, no mínimo, são o motivo de você estar aqui agora. E que têm alguma chance de ter te ajudado a estar nesta posição, nesta situação. Ou seja: decisões tomadas por uma mulher que viveu muitas décadas atrás traçaram o caminho que te levou a estar agora tranquilamente sentada, ou sentado, com este livro no colo...

E agora que a gente começou é difícil parar. Agora que a curiosidade saiu daquele primeiro nível, superficial, de simplesmente se maravilhar com o que existe, e decidiu procurar um pouco mais fundo pra entender os caminhos, as veredas e trilhas que levaram o presente a ser como é, agora que a gente decidiu puxar o fio da história escondido por trás de tudo... é difícil parar.

E, acredite em mim, a recompensa ao final é muito maior do que a simples alegria de um momento isolado. É uma alegria vigorosa, que fez pilates, reforçou a musculatura do abdome e agora tem uma postura mais firme e mais estável.

Uma alegria pronta pra tudo.

E, puxa vida, essa miniviagem toda se deu sem você nem tirar os pés de onde está. Quarto, sala, ônibus, corredor, avião, parque. Bastou você olhar um pouco em volta, prestar atenção e se deixar levar pela curiosidade.

Agora imagina se a gente fosse mais longe?

Beeem mais longe...

* * *

O meu jeito de te levar mais longe neste passeio, aqui neste livro, vai ser por meio de duas portas. Dois instrumentos que vão permitir que a gente continue aprofundando essa curiosidade sobre o mundo que nos cerca e sobre as coisas que se escondem por baixo da superfície da realidade que está bem na nossa cara.

Um deles — o mais importante — é a língua que nós falamos. O outro, mais decorrente das veleidades do autor, vai ser uma lista de palavras.

Se toda a sociedade está imersa em história, a língua, essa atmosfera constante da nossa vida, precisamente por representar essa sociedade, além de permitir que cada um de nós faça parte dela, acaba por englobar essa história e lhe dar corpo (me aguarde...) de uma maneira interessantíssima. E ela tem um alcance maior que os fenômenos individuais — pois não existe língua sem um coletivo — e menor que o dos grandes fenômenos transumanos, geológicos, cósmicos, em que a gente se perde em distâncias e horizontes difíceis de avaliar.

Fenômeno humano que é, o idioma se encontra numa espécie de meio do caminho nessa discussão. Ele nos permite (quando visto pelas lentes certas) retroceder milhares de anos e revelar fios que nos ligam a antecessores que nunca imaginaríamos antes de começar esta investigação. Mas, ao mesmo tempo, o idioma continua atado vigorosamente ao nosso presente e à nossa realidade mais imediata.

Ao trabalhar com palavras, estamos sempre lidando com elementos vivos, ativos, em uso e em transformação. E, vantagem das vantagens, a gente consegue como que "dissecar" as palavras sem precisar matá-las, sem acabar com essa vida toda: muito pelo contrário, a gente acaba descobrindo que, depois de submeter os dados da linguagem a essa lição de anatomia exploratória, eles saem ainda mais vivos, coloridos, saltitantes.

Descobrir a história por trás de uma palavra não precisa ser aquele exercício meio frívolo (reconheçamos) de expor curiosidades, trívia etimológica. Um exercício que muitas vezes (deixa eu já dizer de uma vez por todas) também é conduzido por um tanto de lenda e de criatividade.

Conhecer a "origem" de uma palavra é, sim, conhecimento a mais. Mas conhecer a origem de pilhas e pilhas de palavras do nosso idioma pode também (e isso acontece muito) se reduzir a um acúmulo de sabedoria de almanaque, a uma etiquetação sem fim que não redunda em grandes "sínteses", sabe? Não transforma de verdade a nossa compreensão nem da língua que a gente usa todo dia nem da realidade que ela supostamente representa (ou encarna) e muito menos da estrada que percorreram milhões de criaturas humanas que carregavam, cada uma, seus sentidos, usos e pronúncias.

Saber que *joelho* vem do latim *genus*, que queria dizer, ora, "joelho", não é exatamente a novidade mais empolgante. Mas como é que de *genus* se chega a uma coisa tão com cara de joelho como *joelho*? E por que em italiano a mesma palavra rendeu *ginocchio*? E o que isso tem a ver com *knee*, do inglês?

E tem, viu.

Acho que você é capaz de imaginar até onde um processo como esse pode levar.

Mas de saída (além de prometer que volto a articular e desarticular aquele joelho mencionado ali atrás) eu te digo que o destino deste passeio fica muito distante da tal lista de origens de palavras, da informação direta, fria, talvez interessada mas muitas vezes menos interessante do que poderia ser. A gente consegue encaixar um trilho no outro, entender trajetórias, repensar presenças e ausências no nosso vocabulário, nos nossos modos de ler e ver o mundo.

Muitas vezes, inclusive, o que vai chamar nossa atenção é precisamente uma falta. Onde foram parar certas palavras do latim? Por que outras mudaram de lugar no nosso sistema? O que é que nos dizem de interessante as nossas irmãs, as outras línguas românicas?

Pra poder chegar a isso, a gente precisa de outro instrumento (ou de uma caixa de instrumentos, digamos): o conhecimento que a linguística histórica vem reunindo e sistematizando há séculos a respeito dos processos de migração de palavras e de sentidos de palavras; e, mais especificamente, o conhecimento a respeito dos processos que permitem que a gente entenda de verdade a ligação entre as formas originais e atuais de uma palavra. As regularidades e sistematicidades que os linguistas encontraram, deduziram e postularam para botar ordem no que parece ser a casa da mãe joana.

A gente vai passar por essas coisas de maneira gradual, indolor, à medida que elas forem se revelando necessárias, caso a caso. Porque meu objetivo não é te dar uma catadupa de informações que você (se tiver a mínima parecença comigo) vai acabar esquecendo em quinze dias, mas sim te ensinar a deduzir as coisas por conta própria, de uma maneira que vai te permitir, inclusive, ir além do conteúdo deste livrinho.

Mas muitas coisas interessantes vão ser interessantes só para quem souber olhar, tiver olhos treinados e, normalmente, conhecer bem uma série de idiomas antigos e contemporâneos.

Eu vou aqui, claro, recorrer a idiomas antigos. Ossos do ofício.

Por outro lado, não posso esperar que você saiba muito de latim clássico, tardio e vulgar. Nem de grego antigo. A bem da verdade, não vou nem exigir que você entenda outros idiomas modernos pra poder acompanhar o que for aparecendo nas próximas páginas. Vou, sim, contar com o fato de que as formas das outras línguas derivadas do latim podem nos ajudar a entender muita coisa, mas vou sempre te passar os dados necessários pra acompanhar cada conversa. E vou acabar recorrendo também ao inglês, por exemplo, pra elucidar uma ou outra ideia. Para ampliar as relações e levar os fios da nossa história até o ponto em que revelam outras tramas, tecidos mais distantes dos nossos.

Em alguma medida isso acontece porque eu reconheço que o inglês é uma língua meio-quase-já-universal entre as pessoas que mais tipicamente devem querer abrir um livro como este. Mas também admito que o fato de eu trabalhar com tradução do inglês, e de ler muito nessa (e sobre essa) língua, acaba influenciando.

Mas não se incomode, certo?

Tudo vai ser feito com cuidado pra não deixar ninguém boiando.

Deixa eu te dar só um exemplo de tudo isso. De como a "origem" pode ser uma informação banal, mas ir mais fundo nela pode revelar coisas mais interessantes, inclusive quando a gente recorre a outras línguas.

Em grego antigo, "mão" se dizia *kheir*, e tinha uma forma genitiva (calma), que era *kheirós*. Vou sempre escrever as palavras gregas com simpáticas letras do alfabeto latino, adaptadas para sugerir a pronúncia; ninguém precisa ficar lidando com coisas como χειρός neste nosso passeio.

Esse radical grego aparece em vários compostos usados em variedades formais da nossa língua. De *quiropraxia* (agir com as mãos), terapia por meio da manipulação do corpo do paciente, a *quiróptero* (asas nas mãos), ordem de animais a que pertencem, sem qualquer suspense nem surpresa, os morcegos, passando ainda por *quiromancia* (adivinhação pelas mãos), o processo de "ler a sorte" normalmente na palma das mãos.

Um derivado menos óbvio desse mesmo radical grego é a palavra *cirurgia*. Ela deriva daquele mesmo *kheir*, ainda perceptível no começo, e de outro radical grego, *ergon*, que significa "trabalho", "esforço", e que a gente encontra, por exemplo, em *ergonomia*. Logo, o sentido básico de cirurgia seria o de trabalho manual, uso das mãos, ou seja: *manuseio*.

E já é divertido entender a transição de sentido: de algo próximo à ideia de artesanato para as mais sofisticadas *manipulações* (e olha ali o radical de *mão* de novo!) do nosso corpo. Mas as alterações formais das palavras também têm seu interesse.

A pronúncia estranha, pros nossos parâmetros, do som que está representado por aquele *kh* no grego justifica (além de séculos de bafafá ortográfico) o fato de que os franceses têm *chirurgie*, pronunciada como um *chi* igual ao do nosso *chicote*. Mas no português as coisas foram ainda mais longe, e o som se transformou de vez em um *s* (que a gente escreve com *c* porque ao longo do tempo o nosso sistema ortográfico foi acomodando aspectos ligados ao registro da origem da palavra, e não apenas do som). Em inglês também ocorre uma transformação. E é por isso que nós temos ali a palavra *surgeon* para designar o que chamamos em português de *cirurgião*.

Agora, veja bem… No inglês, quase todo o corpo fônico (e gráfico) da palavra registra a sobrevivência de alguma forma daquele elemento *ergon*, o "trabalho".

O que restou da "mão" grega original é apenas o *s* que inicia a palavra.

E esse *s* nem mesmo registra o som original do grego!

Imagine em que maus lençóis estaria alguém que quisesse entender a formação do vocábulo inglês sem poder recorrer ao francês, ao português etc.? E o quanto de informação extra, de história a gente perde ao aprender simplesmente que uma dessas palavras, de qualquer uma dessas línguas, provém desse e daquele radical grego?

Não é muito mais interessante abrir as possibilidades e perceber, além da linha horizontal das transformações de forma e de sentido no tempo, o imenso painel tridimensional que se cria entre os idiomas e que constitui também a identidade, a singularidade e o fundo comum de cada um e de todos eles?

Esse repertório de expansões e de extensões fica por minha conta, no entanto.

O que interessa aqui é a possibilidade de irmos cada vez mais fundo na história da língua que a gente emprega diariamente, sem que isso signifique um mergulho em linha reta para o passado.

Primeiro porque nem sempre esse trajeto existe.

Nós vemos palavras de origem latina que, para chegarem à forma que ostentam em português, acabaram sofrendo desvios que, via de regra, deixaram marcas nas formas que têm atualmente. Eu sei que *chapéu* fez uma escala na língua francesa antes de chegar aqui, porque é tipicamente francês o processo que transforma em *ch* um *c* inicial latino (*cappelus*), especialmente diante de uma vogal *a*. Sei que *piano* passou por Roma antes de chegar a Curitiba, porque é só na Itália que se dá a transformação do encontro latino *pl* (*planus*) em *pi*.

Como o geólogo que sabe ver os movimentos do passado nas marcas que subsistem na paisagem presente, a pessoa treinada nos métodos e no universo da linguística histórica consegue muitas vezes ter considerável certeza não apenas da origem, mas até do trajeto de uma dada palavra sem nem sequer consultar as fontes.

De onde ela veio.

Por onde ela veio.

Quando chegou.

Tais perguntas são com frequência respondidas apenas com o uso de repertório, conhecimento de regras, curiosidade, criatividade.

Eu costumo dizer aos alunos que me perguntam de repente a origem dessa ou daquela palavra que, quando fico quieto por um segundo antes de responder, eu normalmente não estou tentando recordar uma informação que já li e retive, e sim buscando reconstruir os caminhos mais viáveis para ver se encontro uma explicação clara. Rodando na cabeça uma espécie de engenharia reversa, um processo que nem sempre é simples. Dizem por aí que pra fazer uma omelete você tem que quebrar os ovos. Mas partir da omelete e refazer os ovos originais vai contra as leis da entropia!

Aliás, quer ver um exemplo perfeito dessa dificuldade?

No latim havia a palavra *lamina*, de onde vem, claro, a nossa *lâmina*, com basicamente o mesmo sentido. Essa *lamina* latina acabou sendo um tanto sincopada e gerou *lamna*. Que depois virou *lamma*, que é de onde nasce o francês *lame*, com o mesmíssimo sentido.

Mas aqui as coisas enlouquecem, porque do diminutivo *lamelle* ("laminazinha") surge a estranha alteração *lamette*. Aí vem uma confusão: *la lamette* ("a laminazinha") é reinterpretada como *l'alamette*, e a palavra passa a ser vista como *alamette*. Outra alteração improvável ocorre, e as consoantes trocam de lugar, gerando *amalette*. Mais uma dose de improbabilidade, agora vocálica, e surge a palavra *omelette*!

Dá pra acreditar?

Como a omelete é achatada, ela seria uma "laminazinha", mas que forrobodó fonético foi preciso rolar pra se chegar à forma atual da palavra...

É mais ou menos por essas rotas que este livro pretende te levar.

Mas para isso, e para pôr alguma ordem nessa loucura toda, eu vou precisar recorrer àquilo que lá atrás eu disse ser a nossa segunda ferramenta. A tal lista de palavras.

Afinal, se a gente quer (e a gente quer, porque pelo menos por enquanto sou eu que defino o que a gente quer, tudo bem?) evitar aquela cara de almanaque de curiosidades, de um lado indo mais fundo nas inúmeras malhas da rede e, de outro, aproveitando para demonstrar que esse mergulho é possível a partir de qualquer ponto de partida...

(Espera. Imagine que aqui tem um asterisco e que agora você está lendo uma nota de rodapé.

Eis a nota de rodapé.

O que me interessa aqui é argumentar que toda a língua que nós falamos está ensopada de história, certo?

Então, se eu começar a te apresentar um conversê todo derivado da análise de palavras que vou tirando da cartola, escolhendo como quem não quer nada, eu arrisco fragilizar o meu argumento inicial, não é mesmo? Arrisco ver você se perguntando, com razão: "Será que ele não escolheu apenas as únicas palavras que podiam demonstrar o que ele queria?".

Sabe a ideia da falácia do arqueiro? Quando a pessoa primeiro atira uma flecha numa tábua qualquer e depois vai lá e desenha um alvo em volta?

Eu não quero correr esse risco, porque quero insistir na ideia de que não estou realizando nenhum tipo de mágica aqui. Me interessa retornar àquele momento, lá na primeira página, em que eu te disse *Pare*. Preste atenção. O que eu quero que você veja não está escondido em escrínios abstrusos. Está bem no teu nariz.

Para isso, é necessário que eu primeiro estabeleça um critério que me dê uma lista de palavras, antes de sair investigando, explorando, explodindo e expondo. É preciso que eu parta de um conjunto escolhido meio na louca, uma lista qualquer. Porque se o que eu pretendo demonstrar é mesmo verdade, ora, vai ser verdade para qualquer conjunto de dados.

Então, retomando…)

… aproveitando para demonstrar que esse mergulho é possível a partir de qualquer ponto de partida, eu preciso escolher um universo qualquer, um ponto de referência amplo o bastante (nem sendo verborrágico como sou eu consigo escrever um livro a partir, sei lá, dos sinônimos de *bule*) e restrito o suficiente (como dizia uma antepassada, "Tudo que passa de ordem é desordem") para garantir a profundidade do mergulho, a densidade da experiência e, também, para garantir que você não caia no sono nem jogue o livro pela janela daquele cômodo que eu estava imaginando lá na abertura.

Eu poderia, aliás (talvez até devesse, agora que pensei no assunto ia ficar bonito, organizadinho...), partir justamente daquele ponto de vista. Do "olhe em volta".

Um quarto.

Uma sala.

Um corredor.

Um ônibus, um avião.

Banheiro?

Eu não sei onde você está. Nem onde vai estar a cada momento em que voltar aqui para conversar comigo. Essa é das coisas mais preciosas e mais lindas de se escrever um livro.

Eu não sei quem você é.

Não sei *quando* você existe.

Não sei onde está.

Mas escrevo pra você. E quero esta conversa. Quero de verdade que você pense que isso tudo acontece por você, para você, com você, em você.

E por mais que a gente saiba (e deva sempre lembrar quando periga deixar de lado) que não existe critério universal de pertencimento, que cada um de nós é vagamente diferente e definitivamente único, em termos psicológicos, sociais, e mesmo biológicos, anatômicos até — por mais que eu não possa saber se todos temos o mesmo número de dedos, a mesma facilidade ou possibilidade de uso de cada membro e órgão: algo que nos une, ao menos como referência comum, como horizonte conhecido (muito mais do que os cômodos da nossa casa ou o fato de termos ou não uma casa) é o corpo que habitamos.

Daí eu ter pensado que este livro podia nascer da investigação das palavras que a gente usa ou usou em algum momento para se referir às partes do corpo humano. Da cabeça aos pés.

Daí eu ter tentado ver se era possível puxar desse elenco de palavras o fio de toda a história da formação da língua portuguesa e, além de tudo, acompanhar os nós que formam a rede que a une a outros idiomas e outras culturas.

Daí eu ter embarcado nesse passeio por uma lista de termos que vai me servir de trampolim, é claro, porque vou me permitir escapadelas laterais o tempo todo (eu me conheço), mas vai me manter mais ou menos na linha enquanto a gente explora o passado por trás de cada som, os parentescos que unem os sentidos e as sílabas mais improváveis, mais remotos e (ao menos em aparência) mais desconectados.

Daí eu ter decidido apresentar esse percurso pelo corpo da língua brasileira, para encontrar nele (e nela) as cicatrizes dos seus momentos mais dolorosos, o umbigo que a liga à fonte de onde veio, as tatuagens que ela incorporou depois de madura, os ornamentos que ela troca com o passar do tempo... As palavras que sem cessar nos remetem a outras palavras.

Daí eu te dizer mais uma vez: espere.

Pare.

Olhe no espelho, olhe nos olhos de quem está à tua volta.

Olhe para o que você carrega.

Porque está tudo aí.

Agora, se você ainda acha estranho acreditar nessa

promesseira toda (o que eu consideraria uma saudável demonstração de pé atrás), deixa eu tentar te convencer com um exemplo só.

Melhor.

Deixa eu te contar uma história.

Demonstração de princípios

Se você viajasse no tempo, até coisa de 7 mil anos atrás, e presenciasse uma conversa de um grupo de pastores nômades na região onde hoje fica a Ucrânia, talvez percebesse que estavam falando de um cavalo, mas teria poucas chances de entender algo do que diziam.

A língua, que nós vamos chamar de protoindo-europeu, seria uma ancestral direta da tua, da nossa. Mas 7 mil anos é tempo demais na escala humana, e também, portanto, na escala dos fenômenos humanos e suas manifestações, como as línguas.

Você já teria alguma dificuldade de entender o que um falante nascido na região onde depois seria fundada Lisboa pronunciasse em meados do primeiro milênio depois da Era Comum. Ou seja, coisa de 1500 anos atrás. Imagine então se estamos pensando em milênios e mais milênios!

Mas, graças ao fato de que a linguística histórica, desde o século XVIII, desenvolveu um método poderosíssimo de reconstrução de palavras desaparecidas, jamais registradas, sumidas antes mesmo de alguém desenvolver a escrita, nós podemos supor com alguma segurança que aqueles pastores estariam usando determinadas palavras.

Com esse método, que foi sendo refinado nesses últimos séculos, a gente consegue ter uma bela de uma certeza da existência de certas "raízes", ou "radicais", na verdade. Não exatamente palavras, mas formas de base para gerar um vocabulário.

É mais ou menos como se a gente dissesse que o português brasileiro tem a raiz *compr-*, que está por trás do verbo *comprar* e dos substantivos *comprador* e *compras*. E assim por diante. São essas raízes que a gente consegue reconstituir com alguma segurança na língua daqueles pastores hipotéticos, ali na tua frente, 7 mil anos atrás.

Nós podemos ter alguma convicção, por exemplo, de que eles iriam se referir ao tal cavalo por *ekwo*. E sabemos também que, nessa discussão que você estaria presenciando, podia muito bem pipocar uma palavra como *mreghu*. E podemos saber disso porque essas duas raízes foram laboriosa e detalhadamente reconstruídas por gerações e gerações de linguistas a partir da comparação das formas atuais e antigas dos idiomas modernos e da dedução das leis de transformação dos sons das palavras.

A bem da verdade, o nosso conhecimento das raízes da língua falada por aquelas pessoas, e também da fonética, ou seja, da pronúncia daquelas palavras, chegou a um estágio muito aprofundado. A ponto de algumas pessoas acharem que podem escrever pequenos textos nesse idioma desaparecido há milênios.

Esse idioma recebe na linguística o nome de protoindo-europeu não porque tenha qualquer coisa de imperfeito (*proto-*) nem porque fosse falado na Índia (*indo-*), mas por ser considerado a matriz de todo um tronco de idiomas que, esses sim, são falados desde a Inglaterra até Bangladesh, da Rússia à Itália. E isso porque os descendentes daqueles pastores que conversavam a respeito de um cavalo no início do capítulo acabaram se espalhando por um terreno gigantesco, ao longo dos 4 mil anos seguintes, determinando a paisagem cultural, linguística e genética da Europa, da Pérsia e de boa parte do subcontinente indiano.

Eles eram bons nesse negócio de crescer e se multiplicar (e também no de conquistar territórios, vencer guerras, matar gente...).

Todas as línguas eslavas (russo, polonês, búlgaro, ucraniano, macedônio...), germânicas (alemão, inglês, holandês, sueco, dinamarquês, islandês...), celtas (irlandês, gaélico, bretão...), bálticas (letão, lituano...), helênicas (o grego moderno e todos os seus dialetos da Antiguidade), indo-iranianas (persa, pachto, curdo, cingalês, híndi, urdu, sânscrito...), e as línguas itálicas, família que inclui o latim e seus derivados posteriores, todos esses idiomas, e ainda outros, membros às vezes até de famílias completamente extintas, tiveram sua origem na fala daquelas pessoas.

O que inclui o português, em que estou te escrevendo agora.

É claro que esses milhares de anos e de quilômetros separando tantas culturas — que também entraram em contato umas com as outras e com famílias e troncos linguísticos diferentes, criando relações variadas entre si — acabaram produzindo um tecido colorido, remendado e, acima de tudo, lindo demais. Uma urdidura fina e variada de história, formada de mitos compartilhados, uma religião mais ou menos estável, hábitos, tradições, marcas genéticas e, do ponto de vista que mais me interessa aqui, características linguísticas.

E a gente está só falando da dimensão do passado que é mais ou menos recuperável.

Os seres humanos falam há centenas de milhares de anos. Talvez 1 milhão e meio. E cada um dos 7 mil idiomas falados hoje no planeta é resultado de uma transmissão contínua: um telefone sem fio que alterou e manteve palavras, sons e sentidos.

Cada palavra que um habitante do planeta Terra emprega no dia a dia é a ponta de uma espécie de cordão umbilical que o liga a um ponto distante, além até mesmo do horizonte determinado pelo alcance dos nossos métodos de reconstituição. Cada palavra que você usa toda vez que abre a boca é uma caixa de Pandora, um livro fechado, um frasco com a rolha bem firme, que depois de aberto vai inundar o ambiente com o perfume guardado ali dentro por séculos e séculos e séculos.

Quer ver?

Lembra a ideia de que os camaradas jogando conversa fora lá nas estepes ucranianas devem ter usado a palavra *ekwo* pra se referir a um cavalo?

Essa raiz está por trás de um monte de palavras do português, às vezes de maneira completamente irreconhecível. Você precisa ter alguma formação em linguística histórica para entender que *hipopótamo* (grego para "cavalo do rio"), *alfafa*, e até o nome próprio Felipe ("aquele que gosta de cavalos") provêm dessa mesma fonte. Às vezes esses milhares de anos e todos os desvios que as palavras cumpriram na sua história cobram seu preço, e é mais difícil perceber a sobrevivência de uma raiz original.

Mas se você lembrar que cavalo em latim era *equus*, de onde vem ainda um monte de palavras mais eruditas, como *equestre*, *equino*, *equitação* etc., a coisa fica bem mais óbvia. Ora, *ekwo* > *equus*. Sem maiores preocupações.

(E de saída você já aprende uma primeira convenção da área: registrar a derivação das formas, quando uma palavra provém de outra, usando esses colchetinhos bicudos chamados chevrons.)

Só que em português, apesar de todas aquelas palavras eruditas derivadas de *equus*, e também do radical grego *hipo-*, que provém da mesma raiz, na hora de se referir ao animal de montaria a gente acabou preferindo o latim popular *caballus*, que muito provavelmente era uma palavra emprestada de um idioma da Anatólia, atual Turquia. Na verdade, esse é um dos exemplos mais famosos para ilustrar o fato de que os idiomas românicos provêm dessa forma mais "baixa" da língua de Roma: de uma variedade falada, afinal, por gente que não tinha nobres e imponentes garanhões, e sim rústicos pangarés de trabalho. Pois era exatamente esse o sentido da palavra *caballus* em Roma.

Os falantes que efetivamente levaram o latim a cada colônia de Roma eram usuários mal alfabetizados, quando muito, que empregavam uma variedade "não padrão", popular, de latim: aquilo que ficou conhecido como *latim vulgar*. E esse pessoal de fato não morava numa *domus* (palavra elegante que sobrevive em português como parte de *domesticar*, *domar*, e mesmo *mordomo*), e sim num mocó, que em latim era *casa*. Esses caras não eram donos de uma extensa propriedade, que chamariam de *ager* (fonte de palavras como *agrário*, *agricultura* e, por que não, *agrobusiness*); eles tinham no máximo um terreninho mequetrefe, que em latim seria um *campus*.

Da mesma maneira, não era num elegante *equus* que eles marchavam, mas num ordinário *caballus* de patas peludas.

Faz sentido. E faz sentido que tenham sido essas palavras "pobrinhas" as que restaram no vocabulário mais básico não só do português, mas de todas as línguas românicas.

Porém...

Como é mesmo o nome da fêmea do cavalo?

Égua!

E eis que aquela raiz *equus* (agora no feminino, e com o *q* sonorizado em *g* — coisa, veremos, pra lá de comum na história do português) faz seu retorno triunfal à cena.

E veja bem: a mera existência da palavra *égua* no nosso cotidiano, quando analisada por esse viés, acaba determinando uma continuidade que tem lá seus 7 mil anos.

A *égua* é contemporânea das pirâmides.

Cada vez que um maranhense, por exemplo, exclama *Égua!*, com um de seus milhares de sentidos na gíria local, está sem perceber puxando esse fio de incontáveis gerações que o liga aos pastores nômades da Ucrânia de 7 mil anos atrás.

Mas eu tinha falado de outra palavra daquele grupinho das estepes.

Mreghu.

Ela queria dizer algo como "curto", em oposição a "longo", claro. E, cara pessoinha que me lê, ela teve frutos ainda mais improváveis na língua que a gente fala. (Era aqui aonde eu queria chegar…)

Mesmo que essa nossa escavação comece apenas no latim, a coisa não deixa de ser divertida. O fruto mais direto de *mreghu* na língua do Império Romano era — rufem os tambores… — *brevis.*

Por enquanto eu vou pedir pra você meio que simplesmente acreditar em mim. Eu sei que é estranho afirmar que essas duas palavras tão diferentes são na verdade a mesma, separadas por um intervalo bem grande de tempo.

Mas peralá. Será que é tão estranho assim?

Vamos começar a olhar pras coisas com um pouco mais de atenção.

Primeiro, ambas parecem ter duas sílabas. Mais ainda, elas começam com um encontro consonantal antes da vogal, e depois têm uma consoante simples antes da segunda (aquele *gh*, como os nossos dígrafos *ch*, *lh*, *nh*, não representa dois sons: são duas letras para um único som).

Já é alguma semelhança.

Fora isso, convenhamos, a transformação de *m* em *b* não é exatamente das coisas mais improváveis (você realiza esse fenômeno toda vez que fica com o nariz entupido), e aquela consoante aspirada representada pelo *gh* tem certa facilidade de se transformar numa *africada* como o *v*. Nos dois casos estamos falando de consoantes em que um pouco (ou muito) de ar escapa na hora da pronúncia: e é essa, aliás, a definição de "africada".

A gente ainda vai ter que explorar mais detalhes desses fenômenos, pra você entender tudo, e não precisar tomar a minha palavra como regra. Mas por enquanto isso pode dar conta de te convencer que da sequência *mrgh* podemos chegar sem maiores sofrimentos a *brv*.

Ao longo do livro a gente vai visitar mais vezes esse reino das transformações e você acaba se familiarizando. Nem vai perceber, nem vai doer.

Então, sem mais delongas, chegamos a *brevis*.

Não preciso fazer tanta força pra te convencer de que a nossa palavra *breve* vem justamente daí. Nem pra demonstrar que a manutenção geral do sentido é pra lá de convincente. Ora, passamos de "curto" para "breve". Esses milênios podem ter operado misérias nos sons que compõem a palavra, mas o sentido se manteve assustadoramente estável.

Também não é difícil — por mais que você talvez nunca tenha pensado nisso — perceber que o verbo *abreviar* nasce daí também. Assim como as figuras de tempo que os músicos, quando escrevem uma partitura, chamam de, quem diria, *breve* e *semibreve*. Um tantinho menos óbvia é a ligação entre essas palavras e *breviário*, no sentido de resumo dos textos do ofício, da missa, ou ainda *brevidades*, que são biscoitinhos.

Pequeninos, claro.

Cada uma dessas palavras atesta esse estranho pedigree e repete a história dessa conexão milenar. Cada uma delas demonstra que a palavrinha dos nossos amigos pastores segue viva e deixou descendentes por toda parte.

Mas a coisa vai bem mais longe.

Em latim, ainda, o adjetivo *brevis* tinha um superlativo *brevissimus* (quase exatamente como o nosso). À diferença do português, no entanto, para eles a palavra *dies* ("dia") podia ser feminina. Assim, o dia mais curto do ano, o solstício de inverno, era chamado de *brevissima dies*. E foi nessa construção que o tal superlativo acabou sofrendo com a mastigação dos séculos, passando a *brevima*, *breuma* e, depois, *bruma*!

A ligação do inverno com a névoa acabou dando a base para uma transição de sentido que já é mais violenta. A linda palavra *bruma*, mais uma testemunha da longa sobrevivência daquele esquisitíssimo *mreghu*, passou por poucas e boas não apenas na sua sonoridade, mas também na semântica, naquilo a que ela se refere.

Você pode, de saída, ter pensado que uma "névoa" não precisa ter nada de "curta", mas os passos dessa cadeia estão todos documentados e claramente reconstituíveis.

"Curto" > "breve" > "dia breve" > "solstício" > "inverno" > "névoa".

Mas se a gente der um passinho atrás — e um passo

"curto" (desculpa) —, as coisas ficam ainda mais interessantes. E nos levam a um sutiã e a uma comida de rua.

Porque em grego aquele radical indo-europeu gerou o adjetivo *brakhion*, com o mesmo sentido de "curto". (O parentesco entre as sequências *mrgh*, *brv* e *brkh* não só é fácil de visualizar como na verdade ajuda a consolidar melhor a "família".) Desse adjetivo, aliás, a gente retira também a nossa cota de palavras chiques como *braquicardia* e *braquicefalia*, para se referir a um batimento cardíaco curtinho ou a um crânio estreito.

Outros povos emprestaram esse adjetivo do grego — afinal, a presença cultural da Grécia foi gigantesca e nada "breve". Entre os povos germânicos, por exemplo, acabou se formando em cima dessa raiz o substantivo *brezitella*, com o sentido, mais ou menos, de *braçadinha*. Mais um tempo, mais umas transformações, e aquela *brezitella* se transformou em *brezel* e deu nome a uma massa assada ou frita, enrolada mais ou menos no formato dos braços cruzados de uma pessoa.

Um pretzel.

Curioso, já que estamos interessados em trajetórias e inter-relações, é que o termo saiu do grego para as línguas germânicas, mas não fez isso direto: foi primeiro para o latim e daí para o germânico antigo. E é assim que nós hoje, no Brasil, usamos uma palavra que, depois disso tudo, tomou a forma atual no alemão, foi adotada pelo inglês, se transformou num termo corrente nos carrinhos de *street food* dos Estados Unidos e acabou chegando à lusamérica.

Salgada ou doce.

Deixa eu retomar o trajeto todo, para ninguém se perder: protoindo-europeu > proto-helênico > grego clássico > latim > alto-alemão antigo > alto-alemão médio > alemão moderno > inglês > português. Se você me perdoa mais um duplo sentido: estamos "nadando de braçada".

Mas espera lá.

Os outros sentidos todos a gente conseguia entender, por mais que de maneira tortuosa. Tinha sempre alguma ligação com a noção (o "traço semântico") de "breve", "curto": brevidade, *curtura* (sic). Só que os bracinhos cruzados do pretzel não têm necessariamente essa marca.

E o sutiã, então?

Pra explicar esses últimos desdobramentos, a gente precisa voltar para aquele estágio que a palavra grega fez no latim antes de sair saracoteando pelo protogermânico. Porque lá ela passou a se referir a uma das partes do membro superior dos humanos. Aquele que começa no ombro e termina na ponta dos dedos da mão. Aquele que se divide numa parte mais longa, que termina no pulso, e outra mais... "curta". O *brachium* dos romanos, que empregaram o adjetivo grego com esse significado bem especializado. O nosso *braço*.

Agora fez mais sentido, certo?

E sabe como se chamava a parte da armadura que cobria o tal do braço? A que nós poderíamos chamar de "braceira"? Pois em francês o nome dessa peça era exatamente *brassière*. E por ela cobrir também um dos lados do peito do cavaleiro, seu sentido acabou mudando levemente para "coisa que cobre o peito". E foi assim que, no século xx, surgiu em inglês a palavra *brassiere*, depois "abreviada" (desculpa de novo) na forma inglesa *bra*.

Que significa, é claro, sutiã.

Veja de novo o tamanho do caminho e suas voltas: o radical indo-europeu chega ao grego, vai ao latim, onde muda de sentido, passa ao francês, onde forma um novo substantivo dentro de uma indústria bem específica, e viaja para o inglês, onde batiza uma peça do vestuário feminino. Do adjetivo geral para a anatomia, a metalurgia medieval e, hoje, rendas e tecidos sintéticos.

Coisas com que jamais poderiam sequer sonhar aquelas pessoas da minha conversa inventada sobre um *ekwos* que talvez tivesse, digamos, pernas *mreghu*. Mas que nós, hoje — graças a um tipo de trabalho que às vezes pode ser chato, detalhado e detalhista, mas que no fundo é empolgante pacas quando feito com o coração no lugar certo, e exposto da mesma maneira —, podemos compreender. E com isso ganhar consciência de todos esses meandros e reviravoltas, de todas as teias, todos os laços e tramas que conectam a nossa língua às outras, e cada um de nós a esse coletivo de seres humanos que ao longo de milhares de anos foi transformando sons, sentidos e palavras até gerar o vocabulário que empregamos.

O objetivo deste livro não é apenas informar etimologias. É viajar pela história e por essas redes de contatos culturais.

O objetivo deste livro, aliás (nossa, como foi que eu não lembrei de te avisar disso antes!), também não é revelar o "verdadeiro" sentido das palavras que usamos. Todas essas sucessivas transformações e alterações de sentido, mesmo as mais selvagens, são legítimas. E são legítimas simplesmente porque aconteceram.

Pronto. Tipo "porque sim".

Não se questiona a realidade dos fatos na história das línguas.

Eu preciso dizer isso porque muita gente recorre à

etimologia com a ideia de que ir fundo no passado é ultrapassar a camada de poeira que obscurece o sentido "real" dos termos e encontrar a significação legítima das palavras, antes de a mão peluda dos falantes toscos ter acabado com a pureza dos sentidos primeiros.

Essa cruzada já teve inclusive matizes religiosos, quando se tentava descobrir qual seria o vocabulário da dita "língua adâmica", criada quando Deus teria pedido a Adão que desse nome aos seres do mundo. Mesmo longe dessas interpretações mais místicas, presentes inclusive em outras tradições, que associam uma espécie de poder mágico ao sentido primeiro, original da palavra, posteriormente perdido entre seus usos e desusos, muita gente ainda acaba pensando nesses termos quando se volta ao estudo da etimologia.

Como muito orador de formatura que começa seu discurso escarafunchando a história da palavra "colega" no dicionário, por exemplo.

A bem da verdade, é inclusive essa a etimologia da própria palavra *etimologia*! O adjetivo grego *etumos*, que está por trás do composto, não quer dizer "origem", e sim "verdade". Pra você ver como os equívocos correm o risco de se eternizar.

Mas não é essa a nossa abordagem aqui. O nosso interesse é curioso. O nosso objeto é a própria curiosidade. Que, se você quer saber, tem origem na mesma palavra latina *cura*, por trás de *curador* e também de *curativo*, e que tem o sentido de *cuidado*.

Essa é a verdade por trás da palavra *curiosidade*? Claro que não. Isso expõe algo a mais da sua trajetória e uma faceta talvez menos clara do seu sentido histórico? Opa. Pode apostar. É nessa direção que a gente quer ir nos próximos capítulos.

Porque se por trás do nosso *braço* tem assim tanta coisa que se pode puxar, imagine o que pode vir de outras partes do nosso corpo?

O que você vai encontrar nas próximas páginas, então, é exatamente isto: um trajeto da cabeça aos pés, passando por palavras que se referem às mais diversas partes do corpo, expondo curiosidades da sua trajetória, comparando os nossos termos com os de outras línguas e, por vezes, abrindo portas mais inesperadas como as que podem nos levar do *braço* ao *pretzel*.

Curiosidade.

História.

Interesse.

E, na minha opinião, também o caminhão de afeto que decorre de nos percebermos parte dessa fieira ininterrupta de aprendizado e transmissão que une aqueles pastores nômades das estepes da Europa central aos primeiros antropoides dotados de linguagem na África, e também a nós, descendentes mais recentes dessa "breve" história, apenas toldada de leve pela "bruma" dos séculos.

Boa viagem.

E, ah, olha só.

Se *breve* deu também *abreviar*, acho que fica claro que *braço* também deu *abraçar*.

Falei que tinha muito afeto por trás disso tudo?

Cabeça

Ora...
Se é pra irmos da cabeça aos pés, comecemos por ela.

A primeira coisa a dizer aqui é que a palavra que se referia a essa parte do corpo em latim não teve grande futuro nas línguas românicas. Só em romeno (*cap*) é que ela vinga de verdade. O francês (*tête*) e o italiano (*testa*) preferiram a palavra vulgar que significava "pote de barro".

É um exemplo de metonímia, o fenômeno em que uma palavra se refere a algo de maneira enviesada, às vezes por causa de uma semelhança física, às vezes por similaridade de aparência ou por aproximação de função entre dois termos, objetos, conceitos. Entre o sentido "original" e o "novo" da palavra.

É mais ou menos como, hoje, a gente poder dizer que passou horas cortando a grama, com um baita sol na "moringa", ou na "cuia". Você usa uma referência a algo cujo formato evoca a coisa a que deseja se referir. Nas formas populares do próprio latim, essa passagem de sentido já tinha acontecido, e as línguas românicas da Europa central mantiveram esse uso.

É claro que nós também usamos a palavra *testa*, mas aqui ela se especializou um tanto e hoje se refere apenas a uma parte da *cabeça*. (No meu caso, uma parte cada vez maior, graças ao calvário da calvície.) Aliás, essas duas palavras também não são parecidas à toa. No latim o adjetivo *calvus* já podia significar crânio pelado e tinha ligação com *calvarium*, com o mesmo sentido. Como, segundo os relatos bíblicos, o martírio de Jesus aconteceu num monte redondo desprovido de vegetação, que por isso mesmo em aramaico se chamava *gulgulta* (o nosso Gólgota), ou seja, "crânio", "caveira", acabou que a palavra *calvário* sofreu outro daqueles processos de metonímia: de "careca" passou a significar "martírio", primeiro num sentido estrito e depois num sentido largo o suficiente a ponto de permitir uma piadinha besta com a minha situação capilar: o calvário da calvície.

Careca, por outro lado, carece de uma etimologia assim tão clara. Há quem aponte justamente para o verbo *carecer* como fonte. Mas existe também a possibilidade de uma origem africana, no adjetivo *kaleka*, que tem o mesmíssimo sentido no quimbundo, uma das línguas mais bem representadas em meio à população de negros escravizados no Brasil.

Mas calma lá.

Mal comecei e já me desviei meia dúzia de vezes.

Eu estava dizendo, ou devia ter dito, que no latim havia, claro, uma palavra para se referir ao pedaço da nossa anatomia que fica ali equilibrado em cima do pescoço. Essa palavra era *caput*.

E se você, na sua vida, porventura teve a desventura de precisar ler muitos contratos ou documentos oficiais como leis ou regimentos, pode inclusive saber que essa palavra se mantém em uso em português, com o sentido de texto principal de uma seção, que depois será desdobrado em parágrafos e artigos (daqui a umas tantas páginas a gente vai voltar a esse *artigo*).

Uma informação que é melhor você receber já de uma vez é que vários outros derivados dessa palavra em português vêm não dessa forma *caput*, mas de um radical *capit*. É que o latim usava o que em morfologia a gente chama de *casos*, que são mudanças na forma da palavra para indicar sua função na frase. Então cabeça era *caput*, mas na dor de cabeça esse "de cabeça" era resolvido pelo *caso genitivo*, e gerava *dolor capitis*, e fazer uma coisa com a cabeça era *facere aliquid capite*, usando o *caso ablativo*, e assim por diante. E o vocabulário das línguas românicas via de regra provém dessas formas mais "pesadas", mais "compridas", que no latim vulgar acabaram substituindo a tradicional forma curta, que você ainda encontra referida em primeiro lugar nos dicionários.

É daí que, além de *caput*, a gente também tem *capítulo*, que de início se referia apenas à abertura da seção de texto (por isso a gente ainda pode chamar de *capitular* aquela letra maior que abre uma página, por exemplo, num manuscrito antigo). Depois, de novo por metonímia, essa palavra mãe passou a se referir a todo o bloco de texto que vinha depois de cada *capítulo*. Daí a gente tira também *capitel*, aquele ornamento no alto de uma coluna, e até *capitão*. E muita, mas muita coisa diferente, provinda de extensões tanto desse sentido de "elemento principal" quanto daquele outro de "extremidade". Essas duas leituras, aliás, separam os dois sentidos de *cabo*: o soldado mais graduado que os recrutas e o acidente geográfico que representa uma extremidade do terreno: um está "acima", outro está "na ponta". Como o *cabo* de vassoura. Assim como as expressões *levar a cabo* e *dar cabo*, e o próprio verbo *acabar*, todos derivados dessa ideia de "extremo", "fim", "levar até o fim". Daí também *capota* e *capotagem*, daí *caudilho* e *caudaloso*, e inclusive coisas menos transparentes como *precipício*, onde o *cap-* se transformou em *cip-*.

É um exercício pra lá de interessante tentar mapear essas graduais mudanças de sentido que vão transformando a cabeça no teto de um automóvel e num rio de águas abundantes.

Outra história, ainda mais estranha e divertida, é a da nossa palavra *capricho*.

Primeiro porque, pare um minutinho para pensar, ela já é estranha nos seus sentidos meio conflitantes: de um lado a ideia de desejo desprovido de lógica, um mero "capricho"; de outro, a de cuidado extremo na realização de uma tarefa: fazer com "capricho". E se você quiser ser mais rigoroso, ainda tem o sentido de composição musical de forma livre e normalmente virtuosística.

Em segundo lugar, a formação da palavra é polêmica. A gente sabe com bastante segurança que ela provém do italiano *capriccio*. Ou seja, é um daqueles casos em que a palavra, mesmo sendo latina, precisou fazer intercâmbio no exterior antes de chegar aqui.

A gente também sabe que a sucessão dos sentidos, para acabar nessa confusão bonita em que acabou agora, partiu da ideia de "arrepio", daí "susto", "espanto" e assim por diante.

A formação da palavra italiana, no entanto, pode ser explicada de mais de uma maneira. Há quem veja ali o radical *capr-* (de *caprino*) e uma referência ao pelo dos bodes e cabras. Mas muita gente pensa que a palavra se forma a partir do nosso amigo *caput*, a que se somou o italiano *riccio* (mais ou menos "cacho", "cabelo cacheado").

Na minha modesta, os dois sentidos do português ajudam a aumentar a confiança nessa segunda hipótese. *Capricho* é coisa de cabeça. E na minha (cabeça), por alguma razão, isso tudo me faz pensar em outra palavra curiosa, *caraminhola*, que, leitora e leitor, ninguém sabe de onde vem!

E tem palavra melhor pra não ter origem conhecida? Acho perfeito.

Fica aí você com mais essa caraminhola caprichada na cabeça. Mais uma prova *cabal* (outra palavra derivada do mesmo radical *cap-*!) de que os caminhos das palavras por vezes parecem não ter pé nem... cabeça.

Outra palavrinha daquele elenco sem fim dos derivados do radical de *caput* (acredite em mim, estou sendo muito econômico na hora de listar) é *capuz*. Ainda que no caso a sonoridade final da palavra em português faça supor que, antes de chegar ao padrão da língua, ela deva ter passado pela boca de falantes bilíngues no sul da península Ibérica, o mundo moçárabe surgido do convívio das culturas românica, árabe e berbere.

O curioso é que era justo esse ("capuz") o sentido da forma popular latina *capitia*, que acabou suplantando *caput* em certas regiões da Romênia (a península Ibérica) e gerando de fato a nossa *cabeça*, que portanto nasce também de uma estranha metonímia meio dobrada, de ida e volta.

Olha, acho que começamos bem o nosso passeio.

Um termo só, e já tivemos que entrar no árabe, no quimbundo, no tupi (*cuia*), em várias formas divergentes de latim, em outras línguas modernas e até no aramaico. Desde o primeiro fio de cabelo, o português que você fala todo dia vai te mostrando o quanto seu corpo se forma a partir de complexas redes de relações muito, mas muito mais ricas do que talvez se pudesse supor com base na mera informação de que *cabeça* vem do latim *capitia*. E só.

Ah, e tem mais, claro.

Se é pra falar em línguas modernas, vale lembrar que o italiano *capo*, com o sentido de chefe da máfia, também entrou para o nosso vocabulário.

Além dele, temos o francês, que nos deu a palavra *chefe*, e também o uso mais recente de *chef*, com seu sentido exclusivamente ligado à culinária, à gastronomia.

Pode parecer estranho, mas se você puxar pela memória talvez lembre que lá atrás mencionei que o francês tem esse cacoete de transformar palavras latinas iniciadas pela sílaba *ca* em palavras que começam por *ch*. É assim que de *caballus* eles fizeram *cheval* e de *caput* ou *capum* fizeram *chef*.

Chapéu, por outro lado (mais um exemplo dos franceses e seu *ch*), parece estar ligado a *caput*, mas na verdade deriva de um outro radical, o mesmo que nos deu *capa*, e do qual também tiramos *capucho* e, por extensão, os freis *capuchinhos* (além do café *cappuccino*). Muita coisa que parece verdade não é. Mas aqui a gente vai tentando dançar na pista estreita formada pelos olhos abertos para enxergar os paralelos mesmo onde eles estão mais escondidos, sem no entanto resvalar para o terreno da etimologia de boteco.

Por isso vamos com calma.

Além de tudo, por favor, não imagine que vai dar pra espremer esse montão de coisa de cada termo que a gente for encontrando aqui. A cabeça é um lugar privilegiado.

Pense, por exemplo, na quantidade de outros sentidos (muitas vezes também metonímicos) que a palavra tem em português, do cabeça de uma organização à cabeça de um rio, passando por toda a imensidade de termos compostos derivados e locuções como *cabeça de bagre* ou *cabeça de área*. Ou ainda nas extensões de sentido presentes em coisas como *virar a cabeça* de alguém, em que a palavra se refere não à parte do corpo e sim à mente, às opiniões e ideias.

Não seria viável tirar tanta coisa assim, por exemplo, da *nuca*.

Mas mesmo a plebeia *nuca* tem seus encantos. Primeiro porque, veja, nem seria preciso existir uma palavra exatamente para esse ponto do corpo. Tem muita língua de gente grande por aí (o inglês, por exemplo) que simplesmente se refere à parte de trás da cabeça como *back of the head*, ou seja, "parte de trás da cabeça".

A nossa palavra, além do mais, tem toda uma história cosmopolita e quase novelesca. Eu falei que da nuca não ia sair tanta coisa quanto da cabeça, mas nunca disse que ia ser desinteressante!

Então, vejamos.

Embora o latim clássico não tivesse um termo que explicasse a nossa palavra, e nem mesmo o latim vulgar pudesse servir de fonte, uma consulta a textos médicos escritos no latim medieval iria encontrar dois vocábulos interessantes: *nucha* e *nucra*. Cada um deles introduzido no jargão medieval por uma escola diferente de anatomistas italianos.

Esse tal latim medieval bem vale um paragrafinho de digressão.

Ele já não era uma continuidade direta da língua do Império Romano, e sim um coletivo de práticas, usos e tradições diferentes, com influências diversas, pronúncias e mesmo detalhes gramaticais divergentes de um lugar para outro. Essa língua manteve sua vivacidade como idioma de literatura, de ensino e de ciência. E em alguns desses domínios continuaria viva por vários séculos.

Aqueles dois termos de que a gente vinha falando eram ambos de origem árabe. Partiam de palavras que podemos escrever como *nuhâ* e *nuqra* (usar letras romanas para escrever idiomas que se servem de outros "alfabetos" — fazer "transliteração" — é sempre um processo que demanda lá suas adaptações).

A segunda delas queria dizer *nuca*. Simplesmente.

A primeira, no entanto, que como você pode até imaginar é justo a que sobreviveu no português (*nuha* > *nucha* > *nuca*), tinha um significado diferente. Ela se referia à medula óssea, o *tutano*.

O que aconteceu, em grande medida por causa da similaridade entre os dois termos, e também devido ao seu uso em textos diferentes, de escolas diferentes de medicina, foi que, assim que eles escaparam do controle dos profissionais e de seus usos cuidadosos e pensados, acabaram se confundindo. E nós, ali no extremo oeste da península Ibérica, acabamos ficando com a forma sonora de uma palavra e o sentido da outra.

Nuca querendo dizer "nuca" e não "medula".

Vale registrar que essa presença do árabe no nosso vocabulário é diferente de tantas outras que sublinham o vigoroso contato com a cultura islamizada dos califados que dominaram a Ibéria por séculos. Essa palavra nos veio, afinal, do italiano.

O árabe representado aqui é a língua científica, que também legou a meio mundo, não só a nós, uma palavra como *zero*. O vestígio que nos fica dessa história é talvez menos específico, mas até por isso, quem sabe, seja mais impressionante como marca do contato mundial de duas culturas com aparências tão distintas.

E vale lembrar que, não contentes de ter uma palavra específica para essa parte do corpo, nós ainda empilhamos sinônimos de *nuca*, cada um com uma história mais obscura que o outro e todos com significados pessoais, afetivos e regionais distintos.

(Uma das maiores verdades do estudo do significado das palavras — a "semântica" — é que não existem sinônimos perfeitos. E não se trata de uma determinação divina ou de uma lei da física. É mais uma constatação do tipo de uso que fazemos da linguagem: se mal se pode contar que uma mesma palavra signifique exatissimamente a mesma coisa para dois grupos diferentes de pessoas, o que dizer de uma situação em que duas ou mais palavras tenham convergido para um "mesmo" sentido? O coletivo dos falantes, e também cada falante individual, haveria de acabar dando tons, matizes diferentes a cada uma delas.)

Cangote, *toutiço* (termo que eu adoro) e *cachaço* são todas elas palavras com etimologias mais ou menos complicadas. Nenhum tiro certeiro, mas *cachaço* é a mais previsível delas, por provir de *cacho* (aquele mesmo, do cabelo *cacheado*), que na verdade deriva de *capulus*, um diminutivo do nosso bom e velho *caput* lá do começo.

Cangote é um diminutivo de *canga,* o jugo que une uma parelha de bois e a prende ao carro. A própria palavra *canga*, no entanto, tem uma história complicada: o que a gente sabe, mesmo, é que não se trata de um termo latino. Mas ela pode ter origem celta, chinesa, vietnamita ou africana. Ou, como em outras situações que a gente ainda vai ver, essas origens todas podem ter confluído, confirmando os sentidos umas das outras, até chegar à nossa palavra.

Toutiço é a pior. Seria um diminutivo de *touta*, palavra antiga com sentido de "cabeça". Mas e a *touta*, donde veio?

Jacaré sabe? Nem eu.

Ou seja: uma ou outra derivação mais duvidosa, outra ou uma menos colorida para os nossos fins. Mas o interesse continua lá. E a mesma coisa se dá se continuamos descendo da cabeça pela nuca até o *pescoço*.

O divertido aqui é esse *pes-*, que na verdade é o prefixo latino *post*, com o sentido de *atrás* ou *depois*. Atrás do quê, do *coço*, que em espanhol antigo era uma palavra para se referir a um "pote de farinha", ou seja, mais uma moringa, cabaça, cuia: a cabeça.

Seria de esperar, portanto, que da junção desses

dois elementos a gente tivesse recebido a palavra *poscoço* (cujo uso, aliás, eu recomendo fortemente a quem quiser se divertir, assim como *biscoço*, uma das formas que a palavra também já teve em português). O que aconteceu pra explicar o nosso *pescoço* é o que se chama na linguística histórica de dissimilação, fenômeno que ocorre quando os falantes, diante de uma série, por exemplo, de vogais iguais ou muito próximas, acabam alterando a palavra para gerar maior distância entre elas.

Esse fenômeno agiu na formação do vocabulário do português, como nesse caso, e continua agindo nas variedades populares da língua. É ele o responsável pela transformação, por exemplo, de *urubu* em *arubu*, e até *aribu*.

O curioso, como sempre, é que essa ideia de que existe uma tendência a dissimilar sons parecidos na história do português não pode deixar de lado o fato de que também existe entre nós a tendência a assimilar sons, fazendo vogais diferentes ficarem iguais!

A língua nunca sabe exatamente o que quer, e tentar reduzir suas cores a um espectro lógico, que "faça sentido", acaba sempre dando em nada. O mesmo falante que se refere a um *aribu*, por exemplo, pode chamar sua filha de *minina*, em vez de *menina* (como, aliás, fazemos quase todos).

Última referência?

Só um tributo à beleza de criatividade que é a junção de um pedaço do *pescoço* a um derivado do *gótico* (a língua germânica dos godos): a palavra *tappa*, que também formou a nossa *tampa*. E um registro de que, apesar de você poder achar que o *pescotapa* é uma formação recente, inovadora e quem sabe meio polêmica, ela está registrada desde o comecinho do século xx!

Mas até agora só temos uma voltinha na cabeça. Da testa ao topo e descendo até a base.

Falta, apenas, tudo.

Deixa eu dar a volta e olhar pelo outro lado, que aí a gente vai subindo aos poucos, pode ser?

A parte da frente do pescoço (ou a de dentro, a depender do momento e do contexto) a gente chama de *garganta*.

Essa palavra é complicada.

Talvez ela tenha relação com o grego *gargareon*, que tinha sentido de *úvula* (a campainha que fica pendurada lá no fundo da boca; e já que a gente está aqui, não me custa dizer que *úvula* significa nada mais que "uvinha", "uva pequena"). Talvez esteja ligada ao verbo latino *gargarizo*, que significava "gargarejar". No fundo ninguém sabe direito.

E é toda uma família.

Gargalhar, por exemplo, parece estar ligada à mesma origem. Assim como *gargalho*, com o curiosíssimo sentido de "escarro".

Curioso é que essa incerteza quanto à origem da palavra não quer dizer absolutamente nada sobre a sua fertilidade. O uso não quer saber de pedigrees e trata todas as palavras como matéria de invenção e expansão.

Nesse caso, pudemos passar, graças à semelhança física (local de estreitamento entre dois volumes maiores), ao sentido geológico, a *garganta* por onde corre um rio; e também, pela metonímia que liga essa parte do corpo à fala, ao sentido em que *garganta* quer dizer "mera gabolice", "fanfarronada".

(Lá em casa, a palavra também podia qualificar uma pessoa: "Fulano é o maior garganta".)

Outros sinônimos ao longo do tempo foram *goela* (hoje com vários sentidos), que nada mais é que um derivado da palavra *gula*, que significa um dos pecados capitais e uma das características de muitos de nós que têm (para ficar citando partes do corpo a que ainda vamos chegar) *o olho maior que a barriga*, ou, etimologicamente, *a visãozinha maior que o tonel* (me aguarde).

Também já usamos a palavra *gorja* (do latim *gurges*), que ainda está por trás do *gorjeio* dos pássaros e que, por caminhos mais tortos, explica também a nossa *gorjeta*, que seria um dinheiro dado para a pessoa comer ou beber alguma coisa.

Para ela fazer uma *boquinha*, ou, nesse caso, uma *gargantinha*.

Em francês, por exemplo, até hoje a palavra para o dinheiro entregue diretamente ao prestador de um serviço é *pourboire*, ou seja, "para beber". E não é nada estranho a gente dar uma *gorjeta* dizendo que é pro *cafezinho*.

Parte dessa mesma confusão etimológica é a palavra *gogó* como sinônimo de *pomo de adão*. Há quem aposte numa origem obscura, talvez expressiva (que é o que a gente sapeca como explicação quando parece que os falantes apenas pegaram umas sílabas com um jeito infantil e lhes atribuíram um significado), sem base em palavras anteriores. Mas há quem veja também uma ligação com uma língua africana, através do vocábulo umbundo *ngongo*, que tem esse mesmíssimo sentido.

Nota de meio de caminho: muitas vezes a gente vai ver raízes africanas, como neste caso, que parecem explicar perfeitíssimamente palavras muito usadas no Brasil, e cuja entrada na língua é recente (1903, neste caso do *gogó*). Tudo isso parece formar um argumento muito forte pra cravar a ligação com a África, mas essas etimologias costumam aparecer nos dicionários como meras hipóteses. Isso pode revelar muito do quanto estamos atrasados nessas pesquisas: o tamanho do desconhecimento da linguística africana que grassou nos estudos da história do português.

E resta este dado curioso de que uma parte tão pequena do corpo humano (mais especificamente do corpo masculino) tenha promovido essas voltas, da África à Bíblia, com a divertida ideia (meio sacrílega?) de que Adão, por ter engasgado com a maçã oferecida por Eva, legou esse calombinho a seus descendentes masculinos.

Deixa eu dar um salto agora, pra variar a trajetória. Vamos às orelhas.

A primeira coisa aqui é o fato de que *orelha* vem da palavra que em latim significava "orelha". Portanto, nenhum susto maior nem espanto no caminho, certo?

Só que não.

Porque há um detalhe, já que a palavra latina *auris* não explica sozinha a formação da nossa *orelha*. Eu preciso partir de uma palavra ligeiramente diferente para chegar a essa forma do português, bem como ao espanhol *oreja*, ao francês *oreille*, ao italiano *orecchia* e mesmo ao romeno *ureche*.

E deixa eu esclarecer bem esse "mesmo", no que se refere ao romeno.

A questão é que eles, lá na ponta oriental da antiga Romênia, bem como os portugueses, no outro extremo (e nós brasileiros, claro, do outro lado do Atlântico), sempre tiveram mania de exceção. É impressionante a quantidade de vezes em que um fenômeno se realiza de maneira regular nos outros idiomas românicos, mas abre uma exceção ou numa ou noutra dessas línguas mais singulares. Só que nesse caso, na dúvida quanto à proveniência dessa sílaba final da palavra *orelha*, estamos todos no mesmo barco.

Existem formas de entender a regularidade das mudanças sonoras nas línguas românicas. Nós ainda vamos falar delas com mais detalhes. Aqui, basta eu te informar que isso de haver um *lh* em português e exatamente aquela sequência de outros sons nas outras línguas leva à quase certeza de que a palavra latina de base tinha neste local um encontro consonantal *cl*.

Pra ser mais direto, o que essas formas românicas

nos permitem reconstituir é uma palavra originária que seria *orecla*.

E agora temos duas afirmações, na aparência, contraditórias. Comecei dizendo que a palavra portuguesa vinha, sim, do latim *auris*, e agora afirmo que ela provém de uma hipotética *orecla*.

A questão é que essas formas reconstituídas a partir do vocabulário que restou nas línguas modernas tendem a ser as variantes populares ("vulgares") de fato empregadas na oralidade, no cotidiano dos falantes. E nós mesmos já vimos, neste princípio de passeio pelas palavras que denotam as partes do corpo em português, o quanto o uso real dos falantes pode ser criativo e manipular as raízes mais sérias e comportadinhas da língua de papel, escrita, teorizada e defendida por gramáticos.

Pense apenas no jardim de caminhos bifurcados que levou à nossa *nuca*.

Nesse caso, na *orelha*, o que acontece é mais ou menos o seguinte.

Primeiro, a passagem do som *au* para um *o* é supercomum. É dessa maneira que do latim *aurus* a gente tira o nosso *ouro* ou *taurus*, o nosso *touro*. Sempre lembrando que para a maioria da população brasileira, em situação de fala distensa, a pronúncia dessas palavras é na verdade *ôro* e *tôro*, apesar de a grafia ainda registrar um momento anterior da sua evolução.

E isso é normal. Pra você ter uma ideia, já acontecia em Roma, e há até registro de um político chamado Claudius que mudou seu nome para Clódio em busca de identificação com as camadas mais "populares".

A grafia das palavras é estabelecida em determinado momento histórico e nem sempre pode ser reformulada a cada alteração sonora que a língua sofre, até porque essas alterações são infindáveis. É esse tipo de defasagem entre a pronúncia, mutável, e o que está fixado na escrita, por natureza mais estável, que explica, por exemplo, o caos a que chegaram sistemas gráficos como o do francês ou do inglês.

São línguas cuja grafia, estabelecida séculos atrás, está hoje a anos-luz de representar a pronúncia real das palavras. Pense, se você entende dos parangolés da língua de Shakespeare, no mero fato de que a sequência de vogais *ou* tem um som diferente em cada uma destas palavras: *thou, thought, through, tough, though*. Isso sem contar que, nelas, as letras *th* representam dois sons diferentes e o encontro *gh* representa ora nada, ora o som normalmente representado pela letra *f*.

Ou, se você quiser rir dos franceses, lembre que, depois de chacinar a palavra latina *aqua* até transformá-la em algo que se pronuncia "ô", eles têm que lidar com o fato de que para escrever esse som sua língua emprega TRÊS vogais, sendo que nenhuma delas é aquela que de fato é pronunciada.

A palavra se escreve *eau*!

Isso no singular, né? Porque no plural, que deveria levar um *s*, ela se escreve *eaux*, e mantém a mesmíssima pronúncia do singular!

É bem verdade que não é apenas a mudança constante dos sons da língua o que explica essa discrepância entre escrita e fala. Muitas vezes, como nos casos citados aqui, entra em cena também uma tendência etimologizante, ou seja, a vontade de marcar na palavra a sua origem, mesmo que isso vá contra a lógica — que você pode até pensar que deveria ser a única vigente — de relacionar sons e letras.

Assim, se no espanhol a grafia *oro* representa de fato a pronúncia, e nada mais, no português aquele *ouro*, mesmo que acabe se distanciando totalmente da realidade dos falantes, pode se manter como marca etimológica, acenando lá de longe para o *aurum* do latim.

Por que, afinal, você acha que a gente escreve *nascer* com *sc*? Fundamentalmente como marca da ligação com o verbo latino *nascor*, em que as duas letras tinham cada uma o seu som.

Mas ok. Voltando.

Auris pode gerar *oris*.

E eu posso te afiançar (na base da confiança, no momento) que a transição daquele *i* para *e* também é bastante comum.

Mas e o tal do *cl*?

Pra chegar a ele, à *orecla* que eu tinha suposto, a gente precisa partir de um diminutivo. E esta é outra coisa bacana: a palavra que gera todos aqueles termos românicos não era a que em latim significava "orelha", mas a que significaria "orelhinha": *auricula > orecula > orecla > orelha*.

Eu digo que é bacana porque, primeiro, o português brasileiro, como o espanhol argentino, é ainda hoje uma língua que adora diminutivos. E que, como você já há de ter percebido, desconectou quase totalmente a ideia de "tamanho pequeno" do uso dos sufixos diminutivos.

Quando a gente pede que alguém espere "um minutinho", não está revolucionando o sistema de medir o tempo. Os minutos continuam tendo a mesma duração para todos os envolvidos. Dar "uma palavrinha" com alguém não significa usar vocábulos curtos. Falar do seu "maridinho" não quer dizer que ele seja miúdo, e em alguns sentidos pode ser parecido, em termos afetivos, com o significado de "maridão". Dizer que você mora "pertinho daqui" é na verdade intensificar o advérbio e não mitigar sua força: "perto daqui" seria mais longe!

E lembre também que os aumentativos também têm suas estranhezas. Afinal, um *portão* pode até ser menor que uma *porta*. E pode também ser um *portãozinho*. E o que dizer da diferença — que me parece mais geracional — entre fazer alguma coisa "rapidinho" ou "rapidão"? Nós chegamos ao ponto de usar diminutivos em certas formas do verbo, como quando declaramos que estamos "estudandinho", o que está longe, muito longe, de ser frequente em outros idiomas, mas que ao menos aqui no Sul é bem frequente.

Pois o latim vulgar, fonte direta do nosso idioma, aparentemente já tinha algo desse apego aos diminutivos com valor afetivo, ou expressivo, 2 mil e tantos anos atrás. É por isso que uma das formas do sufixo diminutivo latino (*-cula*, no feminino) está por trás da origem de tantas palavras do português. Nós vamos passar por uma montoeira de exemplos desse tipo. Só aguarde.

Por enquanto, fiquemos com estes casos clássicos.

Nossa *orelha* vem não diretamente de *auris*, mas de *auricula*, "orelhinha". Assim como nossa *ovelha* vem de *ovicula*, e não de *ovis* (fonte do nosso adjetivo *ovino*), e a nossa *abelha* vem de *apicula*, e não do mesmo *apis* que gera *apicultura*.

Curiosamente, com isso é possível dizer que quando falamos de uma *orelhinha* estamos empilhando dois diminutivos, um na forma presente na nossa língua de hoje e outro ali escondido por trás daquelas letras *lh*. E não esqueça que está longe de ser impossível que um falante brasileiro se refira a uma *orelhinhazinha*, bem *pequenininha* (outro adjetivo com diminutivos empilhados: *pequeno > pequenino > pequenininho*).

Claro que a gente não tem mais consciência daquele *lh* como sendo um diminutivo, do mesmo modo que não sabe que a primeira e a última sílabas da palavra *comigo* representam a preposição *com*, já que em latim se dizia *mecum* (ou seja, *cum me*, "com mim"), que com o passar do tempo se transformou em *migo*, forma que aparece ainda nas cantigas trovadorescas galego-portuguesas, para depois receber uma nova dose de preposição, originando *comigo* (*com mim com*). Esses processos servem até para demonstrar o efeito dessas fusões, quando, com o transcorrer das gerações, os falantes vão perdendo a consciência do que seriam os elementos que um dia formaram a palavra.

Aqueles dois *com* que hoje estão escondidos na nossa palavra *comigo* são mais ou menos como o macho do peixe-pescador, que é minúsculo em comparação à fêmea e se prende ao corpo dela, sendo assimilado a ponto de deixar de existir. É um caso parecido com o que às vezes se chama de *morfema cranberry*, em referência ao fato de que o *cran-* do nome da fruta tem uma origem muito distante na palavra *crane* (cegonha), mas acaba virando uma espécie de *fóssil* no vocabulário de hoje. Pense no verbo latino *struere*, que significava "empilhar", "amontoar", e que não deixa descendentes diretos no português, mas contribui com o misterioso radical *-struir* para a formação dos verbos *destruir, construir, instruir*.

E tudo isso para falar de orelhas!

Já sobre *ouvido* não há tanta coisa assim. Mas sempre tem…

Porque, veja só, se *ouvir* vem direto do latim *audire*, que já tinha esse mesmo sentido, não parece restar grande campo pra investigação, né?

É bem verdade que formas como o francês *ouïr* e o espanhol *oír* apontam bem a regularidade da transformação daquele *au*, como a gente já tinha visto, e também da queda do *d* em ambiente intervocálico. O nosso *v* é que fica estranho, e já dá uma certa graça para a história da palavra em português.

Irregularidade também é bom, e a mudança linguística gosta. Mas o que aconteceu ali também é explicável. Porque de *audire* nós fizemos, como era de esperar, *ouir*, e foi aquele *u*, em posição de semivogal, que acabou gerando a formação do fonema *v*.

Estranho?

Espera só.

É que, a bem da verdade, o latim nem tinha o som *v*, que nas línguas românicas quase sempre surgiu da consonantização de um *u* em posição semivocálica. Quando um romano queria dizer *vida*, ele pronunciava *uita*, e quem tinha *uita* estava *uiuus*. Os sons são próximos devido ao arredondamento dos lábios que ocorre quando dizemos esse *u*, e que quase acaba colocando a nossa boca na posição correta para dizer o som *v* (em que o lábio inferior roça os dentes superiores). Inclusive a confusão entre esses sons continua existindo: falantes de turco, um idioma que também não tem o som *v*, tendem a empregar aquele *u* semivogal em seu lugar quando começam a estudar uma língua estrangeira.

E é assim que *ouuir* se transforma em *ouvir*.

A ligação daquele radical latino *aud-* com o nosso *áudio* também é previsível, nada emocionante, digamos. Mas as coisas podem ficar mais interessantes se a gente lembrar que o *aud-* do latim provém da mesma raiz indo-europeia que gerou o *ot-* do grego, então, quando você precisa aprender que *otorrino* é o médico que cuida de ouvido e nariz, na verdade está apenas passeando pela história das derivadas de uma mesma palavra antiquíssima.

Agora, só no espírito de te deixar, por assim dizer, com uma pulga atrás da orelha: já percebeu que a gente se refere ao *ouvido* usando um particípio passado, mais adequado às coisas que se ouvem e não ao órgão responsável por "ativamente" ouvir? Não faria mais sentido chamar o ouvido de *ouvinte*, ou *ouvidor* (palavra que a gente acabou especializando em outro sentido ainda...)?

Numa outra nota, como que um P.S. antes de a gente sair dessa região da cabeça, vale lembrar que a pontinha da orelha se chama *lóbulo*, palavra que ostenta várias vezes seu caráter de forma erudita, de entrada tardia na língua, e pertencente a uma variedade mais formal.

Primeiro, por ser uma proparoxítona. São bem raras as proparoxítonas que pertencem ao vocabulário comum de, por exemplo, uma criança pequena, de pré-alfabetização. Ou de uma pessoa de "poucas letras". Proparoxítonas tendem a ser *vocábulos* (como esse) mais engravatados, que entraram no idioma depois que a grande massa de palavras mais cotidianas já tinha passado por *séculos* (outro exemplo) de mastigação e alteração. A gente ainda vai falar de outros casos típicos.

Segundo, *lóbulo* ostenta ainda claramente a presença de outra forma do diminutivo latino, agora como *-ulus*. E não se deve estranhar tanto assim isso de o sufixo ter mais de uma versão. Pense que nós mesmos podemos usar *-inho* ou *-zinho* para formar um diminutivo, a depender da palavra.

Ainda seria possível dizer que uma terceira marca singulariza a palavra e a caracteriza como "recém-chegada": o fato de aquele *l* estar ali íntegro entre vogais, um ambiente em que esse som tendeu a desaparecer na formação do português (se você estiver prestando bastante atenção, pode inclusive perceber que esse fato é o que possibilita os dois anteriores).

Ok, então. Um *lóbulo* é um "lobinho".

Mas aqui a gente topa com uma limitação do nosso sistema de escrita. Porque esse *lobinho* soa diferente do *lobinho* que poderia se referir ao filhote de uma loba. O primeiro tem um som de *ó* e o segundo tem um som de *ô*. Isso porque temos duas palavras diferentes que dividem uma mesma forma gráfica. Uma pronunciada *lóbo,* a outra, *lôbo*. Assim como temos a *fôrma* de bolo e a *forma* da lua, sem que ninguém se atrapalhe com isso quando aprende o idioma na infância, já que a escrita é que chega depois, e não o que guia nossa pronúncia.

(E é isso que você pode responder a quem reclama que a perda do trema vai fazer todo mundo começar a dizer *linguiça* sem pronunciar o *u*. Primeiro, a gente aprende a falar bem antes de saber o que é trema; isso se um dia vier a ser alfabetizado. Segundo, ninguém escrevia esse trema!!)

O nome do animal, o lobo, como você deve até supor, provém da palavra latina *lupus*, que faz parte do nome científico da espécie e ajuda a ilustrar dois fenômenos frequentes na formação do vocabulário do português: a transformação de uma consoante surda (sem vibração das pregas vocais) em sonora quando entre duas vogais, e a transformação de um *u* em um *o*.

Nós ainda vamos ter oportunidade de falar dessas duas coisas, mas aqui vale o registrar, primeiro, pra referência, quais são as nossas consoantes surdas. Ou, mais correto, quais são os "sons consonantais" surdos do português, que são representados às vezes por letras diferentes (pense que *c*, *k* e *q* podem representar um mesmo som, e que uma letra como o *x* pode representar vários sons diferentes, sendo que um deles também pode ser escrito com um *dígrafo*, *ch*). Pra gente não precisar entrar no campo da transcrição fonética, que usa símbolos próprios para evitar essa confusão, eu vou te dar esses sons consonantais surdos em sílabas, com a letra *a*. Assim: *ca, fa, pa, sa, ta, cha*. E cada um desses sons surdos tem sua contrapartida sonora, com vibração das pregas vocais, o que geraria as sílabas *ga, va, ba, za, da, ja*.

A outra coisa que vale deixar registrada aqui é que essa tendência de alterar o vocalismo do latim, fazendo os *u* de *lupus* gerarem os *o* de *lobo*, está por trás do fato de termos sete vogais orais em português: *a, é, ê, i, ó, ô, u*, enquanto o latim contava com apenas cinco.

E como a gente sabe que o latim não tinha sete vogais?

Por várias razões, e uma das mais importantes é que eles desenharam o alfabeto que a gente usa com base nas necessidades da língua que falavam. E se eles mantiveram apenas cinco símbolos para as vogais (mais o *y* que eles só usavam em palavras emprestadas do grego) é porque só precisavam de cinco. A gente é que agora tem que se virar com um número menor de letras do que aquele que seria "necessário".

E não se preocupe. Ainda voltaremos a essa coisa das vogais.

Então, de *lupus* fizemos *lobo*, com ô. E também o nome da doença *lúpus*, derivado de um sentido antigo na medicina, em que toda e qualquer chaga aberta era chamada de *lobo*. E ainda *lupanar*, um "prostíbulo", que vem de uma especialização do feminino *loba* com sentido de "meretriz".

E é de uma forma grega *lobós*, com o sentido de "protuberância" de um órgão, quase certamente através do francês *lobe*, que conseguimos o nosso *lobo* com ó. Os médicos ainda falam em *lobos* pulmonares ou cerebrais. O que no fundo carrega o mesmo sentido daquele nosso *lóbulo*, uma "pontinha".

Para comprovar de vez esse negócio de palavras "populares" versus "eruditas", veja que a primeira entrada registrada de *lobo*, o animal, em todo o corpus de textos da história do nosso idioma, é do ano de 965, antes mesmo de haver alguma coisa que se pudesse chamar de português de fato, enquanto aquela outra, o *lobo* de um órgão, só dá as caras em 1670, setecentos anos depois.

É bem a medida que separa as palavras que foram transicionando lentamente, passando aos poucos das formas latinas vulgares para as nossas atuais, pelo uso cotidiano de gerações e gerações, daquelas outras que chegaram via vocabulário científico, poético, técnico, em anos posteriores.

Mas vamos deixar as orelhas de lado, que é onde elas se sentem bem, e passar para o centro, para o *nariz*.

Aqui a etimologia é daquelas mais previsíveis, sem maiores aventuras. Mas claro, ainda existe o que explorar.

Em latim havia a palavra *nasus* com o sentido que hoje damos a *nariz*. E claro que você já entendeu que é da forma clássica que a gente deriva o nosso adjetivo *nasal*, de que falaremos mais adiante. Mas o próprio latim, língua usada durante um período muito extenso, teve seus fenômenos de mudança. E um deles era o *rotacismo* (a transformação de um som em *r*) que se dava, no caso deles, com alguns sons de *s* em ambiente intervocálico.

Ou seja, o mesmo fenômeno que leva alguns brasileiros a transformar *culpa* em *curpa* (também um caso de rotacismo) fez com que, em latim, um substantivo arcaico como *honos* ("honra"), que no genitivo ("da honra") seria *honosis*, passasse à forma *honoris* e aí, por uma regularização "equivocada", se alterasse de vez para *honor*. É como se, diante da irregularidade gerada por aquele rotacismo, os falantes agissem para regularizar a palavra, consagrando com o tempo o que no fundo era um erro de interpretação. *Honor*, base de várias palavras eruditas do português, é portanto um erro derivado de outro "erro".

Isso lá na empoeirada história da língua latina, viu. "Erro" virando padrão não é novidade.

Em grande medida, é assim que as línguas mudam. Inclusive as nobres línguas da Antiguidade Clássica. Os idiomas humanos estão sempre em movimento, numa tensão perene entre forças de regularização e aquelas outras que fazem surgir pequenas ou grandes anomalias. Isso mesmo antes da entrada em cena de mecanismos mais diretamente preocupados com essas tensões, como escolas e consultórios gramaticais.

Foi assim que de *nasus* se formou também a palavra *naris*, mais ou menos com o sentido da nossa *narina*. E é dela, ou de uma sua derivada (*narica*), que acaba vindo o nosso *nariz*, que de início herdou algo dessa confusão sobre se referir a todo o apêndice ou a cada um dos buraquinhos e inclusive produziu o uso de *narizes* para se referir ao órgão todo.

Mas, sim, eu tinha dito que a gente ainda ia falar muito de *nasal.*

É que eu estava pensando mais na ideia de *nasalidade* na produção dos sons da língua. E a gente precisa passar por ela, porque se trata de uma coisa pra lá de importante na história do português.

Quando falamos, nós fazemos o ar passar através da traqueia e da laringe, onde estão instaladas as pregas vocais, que, ao vibrar, permitem a produção de quase todos os sons que os idiomas usam para construir suas frases. Esses sons, uma vez "produzidos", são "modulados" por articuladores localizados depois da traqueia, no nosso trato vocal: a úvula (a campainha lá do fundo da garganta), os lábios, os dentes e especialmente a língua, que ao adotar formatos diferentes altera a frequência de ressonância da boca (como uma cabaça, que emite sons diferentes conforme esteja com mais ou menos água), permitindo que as vogais se diferenciem umas das outras; ao se posicionar próxima ou contra os articuladores fixos, como dentes, alvéolos (aquela partezinha dura entre os dentes superiores e o palato), palato duro (o famoso céu da boca) e véu palatino (o fundo do céu da boca), a língua gera também as interrupções ou os estreitamentos mais radicais da passagem do ar que constituem as consoantes.

Interrupções do fluxo de ar, subitamente liberadas numa única explosão, formam consoantes como *b*, *d*, *g* (em sílabas como *bodega*) e também suas irmãs *p*, *t* e *c* (em sílabas como na palavra *peteca*). Lembrando mais uma vez que estou falando de sons aqui, pois as "letras" do alfabeto às vezes fazem hora extra e representam sons diferentes (como no caso das letras *g* e *c* diante de *e* ou *i*).

Você não precisa ser aluno de letras para se encantar com a noção de que esses dois trios de consoantes são exatamente alinhados. Junte os lábios e solte de repente, e você produz tanto um *b* quanto um *p*. Troque o ponto de interrupção por um *alveolar* (logo atrás dos dentes da frente), e o resultado pode ser *d* ou *t*. E se a língua tranca o fluxo que vem da traqueia ainda mais atrás, já na altura do véu palatino (a parte mais curva e mais molinha do céu da boca), você articula tanto um *g* quanto um *c*.

Como a gente separa *bdg* de *ptc*?

Fazendo, ou não, vibrarem as tais pregas vocais. É isso que estabelece a diferença entre as consoantes *sonoras* e as *surdas*.

Ponha o dedo na altura do gogó, se você tiver gogó, e tente pronunciar apenas o golpe seco de um *b* ou de um *p*; você pode até notar que é preciso haver uma pequena vibração ali para dizer *b*, mas não para o *p*.

(Esse exercício pode ser complicado, porque é quase impossível pronunciar essas consoantes sem uma vogalzinha, pequeninha, de apoio; e essa vogal sempre precisa da vibração das pregas vocais.)

Outras consoantes, como o *f* e o *v* (outro parzinho

de irmãs que se articulam do mesmo jeito e no mesmo local, dessa vez com o lábio inferior em contato com os dentes superiores), dependem não de uma interrupção total do fluxo de ar, e sim de um estreitamento, que produz uma vibração mais *chiada*. Nessa família estão também os pares de sons *s* e *z*; *ch* e *j*.

Existem também consoantes "laterais", como o *l*, em que a ponta da língua toca os alvéolos, mas sem interromper a passagem do ar, que ocorre livremente pelos dois lados. E ainda outras que, em vez de interromper e soltar de repente, simplesmente dão um tapinha no articulador enquanto o som se produz — por exemplo o *r* de uma palavra como *perto*, quando pronunciada por mim ou por certos dialetos urbanos da cidade de São Paulo.

Isso está muito, mas muito longe de esgotar os tipos de *fonemas*, de sons usados para diferenciar palavras no português, que dirá nas línguas do mundo todo. E está exposto aqui sem grande rigor terminológico e com alguns termos que caíram em desuso entre os profissionais mais jovens, mas que são claros e confortáveis para o nosso uso. Mas pode te dar uma ideia de como se classificam esses sons; de como eles são estudados.

Certo, mas e a tal nasalidade?

Então.

Até aqui tudo que foi descrito acontece com o ar que sai da laringe e escapa do trato vocálico pela boca. Mas existe uma comunicação entre a nossa cavidade oral (mais sobre essa palavra daqui a pouco) e as fossas nasais, como sabe todo mundo que um dia pingou um remédio amargo no nariz e sentiu o gosto na boca, ou quem um dia se assustou bebendo água e viu o líquido espirrar pelas narinas.

Nós podemos abrir ou fechar essa passagem, permitindo ou não que parte do ar que sobe da laringe escape também pelas narinas. E é essa articulação que separa a terceira irmã da família do *b* e do *p*. Pois a letra *m* (como na palavra *má*, não o *m* de fim de sílaba, que está fazendo hora extra ali só pra representar a mudança do som da vogal) também se articula do mesmíssimo jeito, com uma interrupção total do fluxo de ar entre os dois lábios, subitamente liberada.

Ela, como o *b*, usa vibrações das pregas vocais. Mas, ao contrário do *b*, ela se caracteriza pela saída de um pouco de ar pelo nariz. Daí ser uma consoante nasal.

Repita a palavra *má* várias vezes, feche de repente as narinas com os dedos e perceba como ela se aproxima bastante de um *bá*. Afinal, o que aconteceu é que você tentou impedir o fluxo de ar pelo nariz. É claro que ninguém precisou fazer esse teste agora, porque, como eu mencionei lá atrás, todo mundo já passou por essa situação quando pegou uma gripe ou um resfriado forte.

Com as fossas nasais entupidas pelo muco, o fluxo de ar fica quase impedido, e nós penamos para separar *mico* de *bico*. Isso, ao contrário do que a gente pode pensar, é porque a nossa voz nesses momentos não consegue ser nasal! Ela é totalmente oral — ou quase. Nós dizemos que estamos com uma voz "anasalada" nesses casos em função da vibração que sentimos no nariz ao tentar falar, por causa da consciência dessa via bloqueada.

Até aqui tudo bem.

Estamos descrevendo um mecanismo usado por vários idiomas para gerar suas consoantes nasais. Uma coisa mais estranha aconteceu na história do português, do galego, do lombardo (uma língua regional da Itália) e do francês, entre as línguas românicas (e com mais umas poucas dezenas de idiomas entre os milhares falados no mundo). A partir de sílabas em que uma vogal era seguida de uma consoante nasal, nós acabamos por eliminar o que havia ali de consonantal (a tal interrupção momentânea da passagem do ar), mantendo apenas a "ressonância nasal" da consoante, aquela saída de um pouco do ar pelo nariz, passando a gerar vogais nasais.

Nessas situações, é quase como se um *m* ou *n* tivesse sumido, mas deixado uma marca, uma pegada.

Um vestígio.

Quando um falante latino usava a preposição *cum* ("com"), ele a pronunciava como nós hoje pensamos na preposição *por*: uma consoante, mais uma vogal, mais outra consoante. Exatamente como 99,71% dos gringos vão falar quando quiserem ler o nosso *com*. Eles vão fechar os lábios e "articular" aquele *m*. E não é isso o que a gente faz.

Nós pronunciamos *com* assim: consoante mais vogal nasal (a bem da verdade, quase todos nós pronunciamos essa palavra com um ditongo nasal, *côum*). E isso é estranho demais. É um tipo de articulação meio impossível para os falantes nativos de quase todos os idiomas do planeta, que diante das nossas palavras vão sempre teimar em pronunciar as tais consoantes, enquanto pra nós (lembra aquela conversa sobre vestígios etimologizantes na ortografia?) elas são esses meros sinais que indicam a pronúncia nasal da vogal. Tanto são sinais que, em muitos casos, essas consoantes acabaram sendo substituídas pela versão "abreviada" que é o til, nada mais que uma letrinha *n* escrita miúda, em cima da vogal.

Se a existência de um conjunto de vogais nasais

amplia o nosso inventário de sons vocálicos, que extravasa aquelas sete vogais orais que a gente já tinha visto e ganha mais cinco (entre as nasais a gente, ao contrário dos franceses, não tem nem *é* nem *ó*), gerando um total de doze vogais distintivas no português, e nos singulariza bastante entre as línguas do mundo, a possibilidade de nasalizar um par de vogal + semivogal — um "ditongo" — é uma coisa que separa de vez o português do resto das línguas.

Você consegue diferenciar, tanto falando quanto ouvindo, as palavras *mal* e *mão*.

Pode parecer incrível, mas para quase todos os outros habitantes do planeta Terra elas vão soar iguaizinhas. Eles não vão nem entender o que é que não estão entendendo!

Pois essa é uma das características mais impressionantes do nosso processo de aquisição de língua nativa, quando crianças. Sons que não existem no nosso idioma (ou, mais especificamente, sons que não se diferenciam no nosso idioma) não são apenas sons que a gente tem dificuldade de falar: a gente nem ouve a diferença entre eles e os outros!

É quase um lugar-comum, por exemplo, usar a palavra *brimo* para estereotipar o sotaque dos falantes do árabe. E o fato é que a maioria das variedades do árabe realmente não tem o som *p*, e com isso falantes do árabe que não estivessem acostumados a ouvir outros idiomas não perceberiam esse som na nossa fala e o reconheceriam no máximo como uma variedade do *b*, que seu idioma também tem.

Isso pode parecer inacreditável, mas lembre da dificuldade que você, ou gente que você conhece, teve com o som que o inglês representa por um *th* (são dois sons diferentes na verdade, um surdo e um sonoro, como em *think* e *this*), ou com a palavra francesa *coeur* (que a gente tende a falar igual *quer*, mas que na verdade é pronunciada com os lábios arredondados, como se fosse para dizer uma letra *u*: essa junção de arredondamento e som de *é* não existe no nosso idioma). Mais perto de casa, lembre que a vogal central alta do tupi, que normalmente se escreve com um Y, também não existe no repertório do português; é por isso que, nas palavras em que ele sobrevive, acaba sendo adaptado com I ou com U. Eu moro em CuritIba, pertinho de GuaratUba.

Ou, para ficarmos ainda na comparação com o árabe, pense que o nosso *r* inicial, como na palavra *rato*, é uma consoante fricativa (aquelas que não interrompem totalmente o fluxo de ar) velar, articulada lá no véu palatino. E pense agora que o árabe tem também fricativas uvulares, faringais e glotais, que em alguns casos vêm em pares de surda e sonora! Eu já passei dezenas de minutos com uma amiga libanesa tentando dizer cada um desses sons, e consegui apenas que ela risse muito de mim.

Chega de nasais?

Vamos de transição veloz para a boca?

Sabia que o pequeno canal entre o nariz e a boca, que forma as duas curvinhas do lábio superior, também tem nome? Ele se chama *philtrum*, dicionarizado assim mesmo, com *ph*, o que escancara totalmente sua situação de empréstimo recente, termo técnico.

Quando era bem pequena, minha filha um dia me perguntou pra que servia aquele sulco. Eu, brincando com ela, disse que era pra pensar, e fiz uma cara meditativa enquanto percorria o *philtrum* com o indicador da mão direita. Resultado: por bastante tempo ela reproduzia essa atitude assim que ouvia uma pergunta mais intrigante.

Enrolei a pobre Beatriz naquela época. Mas aqui te digo a verdade. Aquele risquinho recebe o nome de uma poção mágica! Afinal, a raiz grega por trás dessa versão da palavra, e também da mais comum *filtro*, tem ligação com o radical *phileo-* de "amor". Na verdade, o sentido mais básico, mais antigo de *filtro* em português é "poção do amor".

À boca, então.

E, de novo, as aparências podem enganar. Pois se eu digo que *boca* vem do latim *bucca*, e a gente já viu que um *u* latino pode mesmo se transformar num *o* em português... Ora. Acabou.

Porém...

Começa que *bucca* não era a palavra corrente no latim clássico, que usava *os* nesse sentido, ou seus derivados rotacizados (lembra disso?) *oris, orem*. E é claro que vêm daí a nossa palavra *oral* e todos os seus derivados.

Mais ainda, *bucca* não tem nem cara de palavra latina, e muita gente especula que ela pode provir de outra língua indo-europeia (talvez céltica ou germânica) ou mesmo de um idioma de outro tronco linguístico.

Curiosamente, contudo, ela era de uso geral no latim popular, como comprova o fato de que tudo quanto é língua românica traz a continuidade dessa forma. Da *bouche* do francês (e seu amor por transformar *ca* em *che*) à *bucă* do romeno.

(Um parêntese entre parênteses: o romeno usa o artigo definido *depois* da palavra determinada por ele. Assim, se *nariz* é *nas, o nariz* é *nasul*, sendo *-ul* o artigo definido masculino singular. Para palavras femininas, no entanto, o artigo seria -*a*, e quando a palavra já termina em *a* ele apenas muda o som da vogal, que se torna mais aberta. Assim, *bucă*, escrita com esse chifrinho e pronunciada mais ou menos *búcâ*, se transforma em *buca* quando leva artigo.)

Há de se reconhecer que os sentidos podem mudar. A *bucă* romena não traduz nem *bouche* nem *boca*. A tradução correta desses termos na língua do mar Negro seria *gură*, um derivado da mesma raiz que nos deu *goela*. E *bucă*, naquelas plagas, é um termo antigo para "bochecha". E que tal se eu te revelasse agora que no fundo era bem esse o sentido original de *bucca* no latim, antes de o termo passar por uma alteração metonímica para se referir à boca, desbancando, assim, a palavra *os* no uso popular.

Ou *uma* das palavras *os*.

Agora é um bom momento pra outro comentário sobre as diferenças entre as línguas que são possíveis neste mundão, e sobre as coisas que aconteceram na passagem do latim ao português.

Vamos lidar de uma vez com aquela coisa de *i* virar *e*, por exemplo. Ou de *u* se transformar em *o*.

A nossa língua, desde que temos registro dela e podemos intuir esses padrões, é uma língua de acento intensivo, que opõe sílabas fortes a sílabas fracas (com uns graus no meio do caminho, há sílabas meio fortes etc., mas deu pra entender). Você sabe disso. Todo mundo sabe disso.

Nós podemos opor palavras que tenham os mesmíssimos sons apenas trocando o lugar em que cai o *acento*, ainda que não precise haver sempre um acento gráfico, agudo ou circunflexo: estamos falando de acento no sentido sonoro, *icto*, como dizem os tratados de poética. Os acentos gráficos são só uma convenção escrita, bem recente, distribuídos segundo regras desenhadas para diminuir ao máximo a sua ocorrência.

Aliás, essa é uma regra de bolso bem tranquila pra pensar em quando uma palavra tem ou não tem acento gráfico em português. O mais normal acaba sendo levarem acento apenas as formas mais raras, meio que para diminuir a quantidade total de acentos na grafia do idioma (veja que essa frase inteira não teve nenhunzinho): assim, as proparoxítonas, que pertencem ao mais raro dos nossos três tipos de palavras, levam todas seu acento; as paroxítonas que terminam em *-a*, *-o*, *-e*, de longe as mais comuns, não levam, mas as que terminam em *-i* e *-u*, seguidos ou não de *s* (*táxi*, *bônus*), levam, por serem menos numerosas; e, para a surpresa de absolutamente ninguém a esta altura, nas oxítonas a regra é trocada, sendo acentuadas justamente as que terminam em -*a*, -*o*, -*e*.

De nada.

Agora de volta aos sons.

Exemplo clássico em toda e qualquer apostila é o trio de palavras *sábia, sabia, sabiá*. Os mesmos sons, na mesma ordem, mas com sentidos diferentes conforme você escolhe qual das vogais será pronunciada com um tantinho a mais de força.

Falante nativo nenhum se confunde com isso. Alfabetizado ou não.

Reconhecer essa sutil (e ela é sutil, acredite) diferença de intensidade entre as sílabas que nós chamamos de tônicas ou átonas faz parte do conjunto de habilidades que nós desenvolvemos quando aprendemos nosso idioma. Mas isso está longe de ser igual para os falantes de outras línguas.

Mesmo nas línguas da antiga Romênia há oscilações, sendo a mais conhecida delas o francês, que também tem acento intensivo igual ao nosso, mas numa versão em que o acento da palavra é fraco e se subordina muito mais ao acento da "frase".

Em português, as palavras tendem a manter suas alternâncias de fortes e fracas mesmo em sentenças mais longas. No francês, nem tanto. Pra te facilitar bastante a vida (e assim, claro, simplificar demais um negócio bem complicado), é como se o francês tivesse *uma* grande regra: acentue tonicamente a última vogal da sequência que for pronunciar, a não ser que ela seja uma vogal fechada. Num caso como esse, você acentua a penúltima e abafa tanto a vogal fechada que restou que ela quase desaparece.

Assim, *parigot* ("parisiense") tem acento no *o*, e o feminino *parigote* também, mas agora o som vira *ó*, o *t* reaparece, mas não necessariamente aquele *e* fechado: *parrigô, parrigót*. Agora, se eu monto uma frase compridona como *Tu ne dois pas être si typiquement parigot* ("Você não deve ser tão tipicamente parisiense"), cada uma dessas palavras joga fora seu acento individual, gerando uma palavrona longa assim: *tuneduapazetsitipiquemanparrigô*. Com um acento só.

É por isso que os franceses lutam com os nossos padrões de acento.

É por isso que uma palavra como *perigoso* pode, na boca deles, virar ou *perrigozô* ou, o mais comum, *perrigôz*.

Indo mais longe, as coisas ficam ainda mais variadas. Muitos linguistas defendem que todas as línguas do mundo têm algum tipo, ou algum grau, de acento intensivo, ainda que a centralidade desse fenômeno possa variar. Outros postulam que certas línguas desconhecem totalmente esse acento, empregando a ênfase de forte-fraca apenas como elemento discursivo, na construção de frases, na distinção de sotaques etc.

Mas o fato é que, além do acento de intensidade, há outros sistemas bastante comuns. Um deles, talvez o mais "estranho" para os nossos ouvidos, é o acento tonal de várias línguas africanas, amazônicas e do chinês. Nesses idiomas, o que pode separar palavras que usam os mesmos sons (como *sábia* etc.) é a altura melódica, ou o contorno melódico com que as sílabas são pronunciadas.

Nós também empregamos essas melodias na nossa fala. Mas elas são independentes da significação básica; são livres, usadas como ênfase, e normalmente ligadas de um jeito ou de outro a alternâncias de tônicas e átonas, nosso sistema central.

Agora, imaginar um idioma em que toda a distinção de significados se dê graças a *alturas* melódicas!? Ou, ainda mais maluco, a *contornos*! No primeiro caso, elas podem ser graves, médias e agudas; no segundo, podem começar de um jeito e mudar enquanto são pronunciadas: um sentido quando a vogal começa bem alta e desce um pouco; outro quando ela começa média, sobe e desce muito, por exemplo.

Bem-vindos à vida de um bebê que precise adquirir uma língua como o vietnamita ou o iorubá… ou até o sueco, que, apesar de ser parente nosso tanto quanto o inglês, inventou de acrescentar esse tempero ao seu sistema!

O latim clássico usava ainda outro sistema, quantitativo. Nele, as vogais (as sílabas, na real) podiam ser *breves* ou *longas*. Esse sistema ainda vigora em outros idiomas modernos, como o japonês, o malaiala ou o estoniano. Com isso, as cinco vogais *fonêmicas* do latim clássico (o motivo de eles empregarem cinco letras pra representar os sons das vogais) na verdade se transformavam em dez, já que cada uma existia em dois sabores: longo e breve.

O latim vulgar, popular, foi perdendo essa distinção e tornando cada vez mais importante o acento intensivo. Nesse processo é que o sistema de dez vogais foi se reduzindo. Mas, ao contrário do que se poderia imaginar, quase ninguém optou por eliminar de vez a distinção de comprimento e acabar com um sistema de cinco vogais, de modo que as versões breves e longas de cada som se fundissem numa só.

Essa é a fonte do sistema vocálico do sardo, o idioma falado na ilha da Sardenha, hoje parte do território italiano. E, vai por mim, o sardo é uma língua pra lá de singular. No resto da Romênia, aconteceu um negócio que eu vou tentar resumir rapidinho.

As formas longas das vogais se mantiveram. Um *i* longo continuou com o som de *i*, e assim por diante. Mas as formas breves (de certa maneira mais *frágeis*, exatamente como as nossas átonas) tenderam a sofrer alterações regulares.

E o português é a melhor língua pra gente ver uma versão bem-comportadinha disso tudo. Quem diria... O francês, o espanhol, o italiano e mesmo o romeno passaram por uma evolução basicamente igual à nossa, mas depois tocaram o terror em cima do sistema resultante. A gente, não.

Aqui (ou lá, na península Ibérica) as vogais breves *caíram* um grau.

Você pode pensar nas vogais como se elas estivessem dispostas num triângulo dentro da sua boca. E pode verificar esse fato experimentalmente, mesmo lendo em voz baixa, sem chamar a atenção.

Se você prepara a boca para dizer *a*, vai ver que a língua fica mais paradona, numa posição *central baixa*. Agora, se você pronuncia a sequência *a, é, e, i*, vai ver que ela sobe um pouquinho a cada passo, e também vai caminhando para a frente. Um *i* é pronunciado com a língua já se aproximando dos alvéolos. E se você quiser dizer a série *a, ó, o, u*, vai notar que a língua faz outra viagem, ainda subindo passo a passo, mas agora em direção ao fundo da boca. Um *u* é articulado já perto do véu palatino.

(Outra coisa acontece no nosso idioma. Todas as vogais *posteriores* são pronunciadas com arredondamento labial — o bom e velho biquinho —, ao contrário de todas as *anteriores*. A gente não tem um *é* arredondado, como no francês, e não conhece um *ó* sem arredondamento, como no inglês. Tente pronunciar esses sons pra ver. Monte a boca para falar um *ó*, mas desmonte o biquinho: pronto, você corrigiu a tua pronúncia de *hot*.

É por isso que os linguistas dizem que no português o arredondamento não é distintivo, ele é só um efeito colateral da posteriorização.)

Então, o que foi que aconteceu com as vogais breves do latim clássico na passagem para o português?

Elas desceram um degrau da escadinha:

O *i* breve vira *e*.
O *e* breve vira *é*.
O *u* breve vira *o*.
O *o* breve vira *ó*.

Quem se manteve foi o *a* breve. Até porque, convenhamos, ele não tinha pra onde descer.

Com isso, você talvez já tenha percebido que um som de *e* no português pode ter duas fontes: um *e* longo latino ou um *i* breve. E algo parecido se verifica com os nossos sons de *o*. Mais interessante: é por causa dessa bagunça que surgem no nosso idioma os sons *é* e *ó*, que o pessoal do resto da România acabou transformando depois em ditongos, e salve-se quem puder.

(Macetinho pra desenrolar um portunhol mínimo? Eles tendem a ter ditongos onde a gente tem esses sons abertos, mas não onde eles são fechados. Nós temos *peça*, eles têm *pieza*. Nós temos *pelo*, mas eles não têm *pielo*. Claro que, como pra tudo na linguística histórica, há exceções. Mas ao menos já ajuda.)

* * *

Tudo isso pra te dizer, finalmente, que em latim havia *os* (vogal breve), que significava "osso", mas havia também *os* (vogal longa), que significava "boca"!

Por que eu uso justo esse exemplo?

Uai, primeiro porque são partes do corpo e, segundo, porque os sinais que os gramáticos usam para indicar as vogais breves e longas são os seguintes: *ŏs* e *ōs*, paradoxalmente uma "boquinha" em cima do *osso* e um "ossinho" em cima da *boca*. E eram essas as pequenas alegrias de um aluno de latim I nos anos 1990...

E vamos deixando registrado que nossa *bochecha* também vem dessa mesma *bucca*, assim como o nosso *bocejo*, que nada mais é, afinal, do que um *boquejo*.

Acho sempre curiosas essas situações em que uma verdade óbvia estava bem ali na nossa cara (literalmente, nesse caso), mas a gente não enxergava. Mais ou menos como quando você se dá conta de que um *sorriso* é apenas um *sub-riso*, exatamente como *soterrar* é colocar *sub-terra*, fazer algo à *socapa* é fazer *sub-capa* (por baixo dos panos!) e *sonegar* é *sub-negar*, negar pianinho...

Outro fruto daquela passagem de *u* para *o*, aliás.

* * *

Até aqui entrei pouco no corpo, mas no caso da boca o conteúdo vale um passeio. Nem que seja rapidão (ou rapidinho).

Dente vem do latim *dens* (que no caso acusativo era *dentem*), com o mesmo sentido. E nem tem graça "revelar" que a raiz indo-europeia é a mesma do grego *odontos*, porque, ora, você já sabia.

Gengiva surge do latim *gingivae*, já com esse sentido, que, além do mais, ninguém sabe de onde veio.

Língua (logo, *linguagem*) provém igualmente do latim *lingua* já com esse sentido. O mais interessante aqui é que a raiz indo-europeia *dngh* está por trás também de palavras em idiomas não latinos que, a princípio, não parecem relacionadas, como *tongue* no inglês e mesmo o polonês *język*. Lembre, milhares de anos podem fazer misérias com os sons de uma raiz indo-europeia.

A gente já falou de *úvula* também.

Olhando em volta, como lá nas páginas de abertura, mas em volta da boca, eu posso aproveitar pra te dizer que *barba* vem de um latim *barba*, com sentido de "barba". Empolgante.

Já *bigode* tem etimologia controversa. Mas há quem aponte, a sério, uma ligação com as formas germânicas *bî Got* (origem do inglês *by God*), empregada em juramentos. A gente até hoje pode usar o "fio do bigode" como garantia proverbial de uma promessa.

Divertida mesmo, e segura, é a etimologia de *cavanhaque*, que deriva simplesmente do nome do general francês Louis-Eugène Cavaignac, que usava esse estilo de barba. Coisa parecida com o que ocorreu com o nome do general norte-americano Ambrose Burnside, que usava bastas costeletas que acabaram conhecidas como *burnsides*, e depois, numa reinterpretação popular que achava que havia ali uma referência à lateral do rosto (já que *side* quer dizer "lado"), passaram a ser chamadas de *sideburns*.

Mas o verdadeiro motivo desse passeio boca adentro e boca afora não é nem te revelar uma etimologia surpreendente ou uma conexão inesperada entre trajetos de várias palavras em idiomas distantes. É simplesmente dar espaço pra você se maravilhar, como eu, com o fato sensacional de que a nossa língua escolheu, para se referir ao véu palatino, ao palato, de onde vem *paladar*, a lindíssima metáfora *céu da boca*.

Pensa se não é coisa de poeta, e de poeta grande!

Céu da boca…

Mas já que estamos falando de céu, e agora há pouco eu estava nos *subs*, vamos pra cima.

O latim *super*, que a gente obviamente também manteve, passou por alterações sonoras que você a esta altura já entende bem: a mudança da vogal e a sonorização da consoante surda intervocálica; e também por outra que a gente ainda não abordou mais detalhadamente: a metátese (uia!), em que uma consoante troca de lugar dentro da sílaba, para gerar o nosso *sobre*.

Daí que a mesma coisa que, em ambientes elegantes, você pode até chamar de *supercílio*, em casa, de pijamão, você chama de *sobrancelha*. *Celha*, aqui, é um derivado de *cilia*, que era a forma plural de *cilium*, mas acabou ganhando sentido singular em português, coisa que não é tão rara assim.

Agora, se relaxado você diz *sobrancelha*, não é impossível que de vez em quando te escape (ou que ao menos você ouça) uma *sombrancelha*. E tem coisas pra gente comentar aí.

Primeiro, o fato de que essa forma é "errada" segundo os padrões normativos de hoje. Ok. Mas, convenhamos, todas as outras formas, transformações e mais transformações a partir de bases latinas eram e foram também "erradas" a seu tempo. A distorção que *sobran-*

celha opera no latim *supercilia* é nada insignificante. Mas até aí as nossas gramáticas escolares vão, e só isso elas toleram, e ai de quem der um passo além.

A segunda coisa são os motivos.

O "espalhamento" da nasalidade, da segunda pra primeira sílaba, pode ter só esse motivo, por assim dizer, "interno". Às vezes as palavras mudam apenas porque uma sílaba influencia a outra. Mas outra razão, muito mais interessante e mais forte aqui, é a "etimologia popular". Ou seja, situações em que os falantes parecem reinterpretar uma palavra fazendo vir à tona o que lhes aparenta ser um sentido de base. Afinal, aquela parte ali não existe também para fazer *sombra*?

E a partir dessa noção equivocada da formação da palavra (acessível mesmo pra quem não sabe lhufas de latim, já que a palavra *sombra* está no vocabulário de todo mundo), a forma *sombrancelha* vai ficando mais e mais forte no uso de mais e mais gente.

Ela um dia vai suplantar *sobrancelha*?

Nunca é bom fazer profecias. Mas que sua ameaça é grande, isso ninguém pode negar. E, se acontecer, ora, aconteceu. É vida que segue, língua que muda. Como sempre.

Embaixo das nossas amigas sobrancelhas ficam os *olhos*. E se você como eu tem olhos que deixam funcionalmente a desejar, pode usar *óculos* na frente deles.

Até aqui eu andava evitando falar de adereços, artefatos, tecnologias de apoio e roupas. Mas este caso é imperdível, simplesmente porque é um dos melhores exemplos que eu conheço de pares de palavras que chegaram até nós por caminhos distintos, embora partindo de um mesmo lugar.

Uma delas veio a pé e chegou aqui toda estropiada, cansadaça. A outra pegou um uber, saiu de casa bem mais tarde e chegou cheirosa e intocada.

Uma forma "popular", uma irmã "erudita".

(Indo para os dedos da mão, a gente vai inclusive ver que às vezes elas chegam em trio.)

Pois *olho* e *óculos* provêm ambos do latim *oculus*. A forma erudita, além de demonstrar uma gigantesca falta de imaginação na hora de dar nome a um instrumento de auxílio à visão (onde é que andava aquele coletivo de falantes que chegou à ideia de *céu da boca*?), ostenta as já conhecidas marcas de sua posição elevada: proparoxítona, mantendo a consoante surda entre vogais e, pra piorar, *pluralia tantum*.

Sim.

Esse é o termo da gramática tradicional para as palavras que existem "apenas como plurais" (é esse o sentido do latinório ali atrás). E *os óculos* são talvez o mais famoso e o mais renitente dos exemplos desse fenômeno.

Sim, renitente.

Porque é o meu momento de confessar, cara leitora, cara leitor, que eu também tenho um ogro conservador dentro de mim. Todo mundo tem.

E não é porque o sujeito faz toda uma formação em linguística, aprende e repete aos quatro ventos que preconceito é preconceito é preconceito, que a mudança permanente é a única lei que de fato impera na língua e que o coletivo dos falantes há de sempre fazer valer sua vontade... nem sempre é por causa de tudo isso que ele vai conseguir sufocar *todas* as vozinhas rezinguentas que carrega.

Eu hoje já tolero bem que alguém se refira ao objeto de metal que eu trago na frente da cara como *o teu óculos*. Mas ainda corrijo se aparece no texto de um aluno (a norma escrita ainda é outra), e ainda insisto em soar tiozão gramatiqueiro quando me refiro *aos meus óculos*.

Desculpa aí.

Curioso é que, no caso de *binóculo*, a gente simplesmente usa o singular. Mas, fora os personagens de

Dalton Trevisan, acho que *meu óculo* ainda está longe de ser a regra no uso dos brasileiros.

Outras palavras desse tipo continuam mantendo seu uso apenas no plural. Pense em *parabéns*, *pêsames*, *condolências*, *férias*, *fezes* (que no tempo de Machado de Assis ainda queriam dizer "borra"; ele falava em "beber até as fezes"). Outras ainda têm cara de plurais, mas são de fato usadas no singular, como *lápis* e *pires*, o que não impede a hipercorreção, que é o fenômeno linguístico em que o falante acaba sendo mais real que o rei e aplicando uma regra onde ela não cabe, e aqui leva alguns falantes a se referir a um *pire*.

Eu, no meu tempo de vida, já pude acompanhar a migração de *bodas* da posição de *pluralia tantum* para um uso singular normal. "A boda de fulano e sicrano."

A vez dos *óculos* pode chegar também.

Algumas listas on-line de palavras que existem apenas no plural incluem *pazes*, da expressão *fazer as pazes*. Mas é muito mais do que claro que aí se trata apenas do plural legítimo da palavra *paz*, que simplesmente ficou cristalizada no plural nessa única construção.

A gente nunca diria *fazer a nossa paz*.

E também nunca se referiria a *dois tipos de pazes*.

A língua tem dessas esquisitices.

Já a forma popular *olho*, aquela toda suarenta e

molambenta por ter caminhado por séculos até chegar a nós, também ostenta essas marcas. O que aconteceu ali foi a supressão do *u* que já era pós-tônico na forma vulgar, gerando *oclus* e fugindo da proparoxítona, a regularização do final em *o* e, depois, uma saída a mais, e mais curiosa, para aquele estranho encontro *cl*.

E nós nem fomos os mais radicais. Pense que na França *oculu* (singular) gerou *œil* (pronunciado com aquele *é* de biquinho seguido de um *i*, e só, o *l* está ali cumprindo dever de marcar a etimologia), e a forma plural acabou gerando *yeux* (pronunciado agora como que do avesso: um *i* seguido de um *ê* com biquinho).

Parece sadismo.

E você aí reclamando que o plural de *qualquer* é *quaisquer*.

Agora, o kit ocular, por assim dizer, ainda tem mais a oferecer em termos de palavras, mesmo que a gente precise dar uma ligeira anatomizada de novo, por dentro e por fora.

Pestana, palavra hoje menos usada, mas sinônima de *cílio*, é curiosa porque provavelmente provém de uma raiz ibérica pré-romana ainda não identificada. E essas sobrevivências de um vocabulário anterior à chegada dos romanos sempre me parecem comoventes pelo que ostentam de história. Elas são como marcas resistentes de um passado que, de resto, quase não conseguimos vislumbrar, mas que nelas se mantém presente no dia a dia.

A membrana que recobre o olho se chama *córnea*, que, como você pode perceber, mesmo sem saber grandes coisas de latim (por vezes essas ligações são óbvias, mesmo que não estejam óbvias, toldadas que ficam por nosso olhar cansado, preguiçoso; a história da língua nem sempre se oculta), deriva diretamente de *corno*, no sentido de *chifre*, através da expressão anatômica latina *tunica cornea*, ou seja, "membrana dura como um chifre".

E vale uma paradinha pra falar de *chifre*, por mais que o corpo nesse caso não seja bem o nosso.

A derivação direta para a forma portuguesa é o espanhol *chifle*, com o sentido de pote, frasco, lugar onde se armazena munição. E esses frascos eram, com grande frequência, feitos de chifres. O que já aponta pra uma história curiosa, numa espécie de metonímia ao contrário, em que o segundo uso, derivado, que se faz de uma coisa é que acaba lhe dando seu nome primário no idioma.

O mais curioso é que a própria etimologia daquele *chifle* espanhol, meio controversa, aponta para uma ligação com a ideia de "tubo", de "oco" (talvez com o grego *siflós* neste último sentido), para uma conexão com o nosso *silvo* no sentido de "apito" e também com o radical de *sibilar*, que por sua vez aponta para *sibilino* e para as *Sibilas*, sacerdotisas romanas.

Uau.

Ou seja, mais uma cadeia (amalucada) de sentidos que no fundo remetem a um "uso" do material em questão, seu emprego como trompa, como chofar, como berrante.

Não sei se é exagero meu, talvez coisa de quem virou vegetariano depois de velho, mas acho clara aí uma ligação com o nosso "uso" dos animais para o nosso sustento. Como matéria, como coisa inanimada de que podemos nos servir. Um emprego portanto não tão diferente daquele que, em inglês, separa *flesh* (o músculo do animal vivo) de *meat* (a carne que se come); *bull*, bicho vivo que pasta, de *beef*, boi assado que se come; *pig*, porco no chiqueiro, de *pork*, porco no prato; *sheep*, cordeiro lanoso e saltitante, de *lamb*, cordeiro no espeto.

Corno é o que tem o animal, *chifre* é o material conforme usado por nós.

Esse *cornus* do latim também tem sua graça, pois vem de uma raiz indo-europeia (*ker-*) que quer dizer, além de "chifre", "cabeça" (afinal a ligação entre as duas coisas é bem clara), e que está por trás também de *cérebro*, de *crânio*, além de coisas como *unicórnio* (que tem apenas um chifre, em nobre latim) e *rinoceronte* (com chifre no nariz, em grego aristocrático). Em inglês, essa raiz ainda rendeu duas coisas mais curiosas. A primeira é uma das palavras *corn* de que dispõe o idioma.

Já te explico.

A gente até já passou por isso aqui, mas por vezes acontece na história das línguas aquilo que na biologia se chama de evolução convergente (tanto aves quanto morcegos desenvolveram asas através de processos distintos, mas que redundaram em resultados equivalentes), quando duas palavras de proveniências separadas convergem numa mesma fonética e, em consequência, numa mesma ortografia.

Nosso exemplo mais clássico são as palavras *manga* (do latim *manica*, já com o sentido de parte da roupa que cobre os braços, claramente derivado de *manus*, "mão") e *manga* (do tâmil *mankay*, "fruto da mangueira", passando pelo malaio *mangga* e, através do português, espalhado pelo mundo todo, num processo bem global em que uma língua semítica como o árabe pode ter a palavra مانجو [manju] só porque a recebeu de uma língua indo-europeia como o português, que a pegou de um idioma austronésio, que por sua vez a recebeu de uma língua dravídica, o que põe em contato quatro troncos linguísticos diferentes!).

Em inglês existe uma palavra *corn* que é derivada da mesma raiz indo-europeia que nos deu *grão*. E se você pensar no latim *granus* dá pra ver que as sequências *grn* e *crn* são bem próximas. O sentido dessa palavra pode ser *milho*, mas não precisa ser. Na verdade, ela se refere ao grão mais comumente plantado numa dada região. Pode ser "trigo", pode ser "cevada"...

E existe também uma outra palavra *corn* que os falantes às vezes quebram a cabeça tentando entender como extensão do sentido da outra, mas não é. Ela significa "calo", "calosidade", e deriva diretamente do mesmo lugar que a nossa *córnea*.

Outra palavra inglesa que, lá atrás, tem ligação com aquela mesma "raiz" (desculpa) indo-europeia de "chifre" é *carrot*, que, assim como o francês *carotte* e o italiano *carota*, deriva lá na origem de um latim *carota* já com o mesmo sentido de *cenoura*.

E eis que vemos uma micro-história de contatos culturais embutidos na *cenoura*, o tal do tubérculo em forma de *chifre* que, por essa razão, ganhou esse nome em todos esses idiomas, mas não na região de intensa presença muçulmana da península Ibérica, onde o que vingou foram justamente as formas derivadas do árabe, como a nossa e a espanhola *zanahoria*. Para completar, na Romênia o vegetal em questão se chama *morcov*, palavra derivada de uma raiz eslava.

Se a *manga* é mais universal (o que decorre até da sua introdução mais recente na economia translinguística), a *cenoura* ostenta marcas de passados diversos e de contatos singulares em cada região. É mais ou menos como a ideia de que as palavras para *chá* nos diversos idiomas do mundo podem demarcar (com pequenas exceções, claro) quais culturas tiveram contato comercial com a China por mar, diretamente ou graças às rotas comerciais operadas pelos holandeses da Companhia das Índias Orientais, e acabaram recebendo a palavra com a pronúncia do dialeto da cidade de Xiamen (*tّe*), e quais receberam a planta e o hábito de seu consumo por vias terrestres e acabaram ficando com a pronúncia mandarim (*chّa*).

Assim, os ingleses têm *tea*, os espanhóis, *té*, e os alemães, *tee*; e nós temos *chá*, os turcos e russos têm *tchai* (*çay* e *чай*), o grego tem *tsai* e assim por diante. Língua, cultura, história, economia, tudo conectado.

Por baixo disso, o fato de que os idiomas carregam estampada a trajetória de formação do povo que os forma.

E por baixo da córnea, a *íris*.

Ela provém de uma palavra grega igualzinha, que significava "halo", "contorno luminoso", e assim denominava o fenômeno que hoje chamamos de *arco-íris*. É daí também que tiramos a nossa *iridescência*, a qualidade das coisas que refratam a radiação luminosa nas suas cores componentes, criando pequenos arco-íris.

No meio da íris, a *pupila*, que já tem uma história mais divertida.

Em latim, menino se dizia *puer*. Daí o nosso adjetivo *pueril*. Um derivado dessa palavra era *pupus*, com o sentido de "menininho", mas também "boneco". Seu feminino era *pupa*, origem da palavra que tem a mesmíssima forma em português e se refere a certa fase do desenvolvimento de alguns insetos. *Pupilla* era um diminutivo desta última palavra e se referia, já em latim, a uma bonequinha, mas também ao orifício no centro da íris.

E essa ligação é curiosa.

Os gregos também usavam uma palavra que queria dizer *menina* (*kore*) para falar da pupila. E parece que a conexão vem do fato de sermos capazes de ver no centro dos olhos do nosso interlocutor uma pequena imagem de nós mesmos. Em inglês, já foi possível chamar essa imagem de *baby*, de onde vem a mais que poética expressão *to look babies*, ou "olhar bebês", cujo sentido era mirar de maneira embevecida os olhos da pessoa amada.

Uma *pupila* no sentido de "jovem protegida" — ou mesmo de "aluna" — e seu masculino *pupilo* são derivados diretos do latim *pupillus*, que tinha também o sentido de "criança órfã". Como bônus, acabamos criando em português uma ponte entre esses sentidos todos, quando usamos a expressão "menina dos olhos" para se referir a algo que uma pessoa trata com extremo cuidado e respeito.

É coisa, hein?

Eu podia continuar olho adentro, lembrando que *retina* nada mais é que um adjetivo derivado da palavra *rede* (na forma latina, claro, daí aquele *t* intocado entre as vogais), de novo numa construção anatômica do tipo *tunica retina*, "membrana com jeitão de rede", dada a aparência de malha das células do fundo do olho.

Aliás, recomendo muito que você, numa visita ao oftalmologista acompanhando alguém que você ame, peça para espiar o fundo do olho dessa pessoa. É lindo de ver. Se os olhos são ou não as janelas da alma, eu não posso saber, mas o fato é que a retina é formada de células neuronais, um prolongamento do nervo óptico que se estende fora do cérebro. Ver aquela *redinha* é de certa forma ver o cérebro de alguém.

E *olha* que essa imagem me parece bem adequada para o que a gente está fazendo aqui.

Tronco

Não há de ser uma surpresa que a origem da nossa palavra *tronco* tenha a ver com o reino vegetal. Afinal de contas, continuamos usando a mesmíssima expressão em referência a árvores. E a metáfora, claro está, fica do nosso lado.

Elas têm o *tronco* original.

Aliás, vale dar uma explicada em outro uso que a gente vem fazendo direto aqui.

Até agora não temos grandes motivos para supor que a origem da linguagem humana tenha se dado em dois ou mais momentos e em locais distintos. Tudo que se tem como suposição parece datar o evento original do surgimento da comunicação via linguagem num momento em que os antropoides dos quais descendemos nem tinham saído da África subsaariana e viviam num território bastante reduzido. Com isso, são boas as bases para a gente supor que todos os idiomas que existem hoje no mundo são derivados, se não de uma única língua original, ao menos de um conjunto de dialetos bem próximos.

A partir desse ponto original, a humanidade se difundiu por todo o globo e, com os grupos e as comunidades se afastando uns dos outros e vivendo depois em relativo isolamento, a diversidade linguística interna de cada coletivo foi gerando a diversidade entre os idiomas.

Certo? Mas deixa eu ir um degrau mais fundo.

Sabe aquela história de que todos os idiomas que existiram, existem e existirão vivem num constante estado de instabilidade, de mudança potencial? E que esse processo de variação permanente acaba levando à mudança real, única constante da história das línguas?

Nada é estável, tudo está em fluxo e a mudança é a lei.

Porém, os idiomas não são posse de indivíduos, mas de grupos. E o grupo age como uma espécie de freio, detendo processos mais radicais e acelerados em nome da manutenção da comunicabilidade. Um idioma trai seus propósitos mais básicos se deixa de comunicar, e essa necessidade é o grande fator de contenção da velocidade e, digamos, da radicalidade da mudança.

Ou seja: muitas mutações surgem e desaparecem sem deixar rastro; outras aparecem e convivem com as formas tradicionais durante um longo tempo; algumas, no entanto, acabam se tornando majoritárias e fazendo com que as antigas caiam no esquecimento, num processo lento e gradativo — essa é a real e complicada "mudança".

Agora, se determinado grupo se divide em dois após uma migração, por exemplo, as mutações que surgem num e noutro podem ser distintas, assim como serão diferentes seus fados e suas fortunas nessa loteria maluca de quem sobrevive e quem desaparece. Com isso, e com o passar de muitas, mas *muitas* gerações, os dois grupos que originalmente usavam o mesmo idioma podem se ver de posse de duas variedades linguísticas já bem afastadas: duas línguas diferentes.

Imagine agora esse processo acontecendo ao longo de centenas de milhares de anos. Aqueles dois grupos podem acabar se separando cada um em outros três, e esses seis novos podem acabar gerando outros onze e assim por diante.

O potencial desses processos lentos ao longo de escalas gigantes de tempo (como não cansa de mostrar a seleção natural) é muito grande. Daí podermos encarar sem surpresa o fato de que o mundo hoje conhece cerca de 7 mil idiomas, além daqueles que nesse meio-tempo nasceram, viveram e desapareceram — morreram. Daí também ter sido fácil para os linguistas do século XIX, sob pesada influência das ciências biológicas, esquematiza-rem essa história com a imagem da árvore.

Ela explica não apenas aquelas 7 mil pontinhas de ramos, mas também o fato de que, entre esses milhares, certas centenas são pontas que vêm de um mesmo "ra-mo", que por sua vez é mais próximo ou mais distante desse ou daquele outro "ramo" e assim por diante.

É de onde vem a ideia, que estamos usando aqui desde o começo, de "famílias" linguísticas, formadas por idiomas diferentes que têm um mesmo ancestral mais ou menos "recente": como o latim para a família româ-nica. E é de onde vem a metáfora adicional de que esses ramos podem provir de "troncos" diferentes, formados por famílias que também tiveram um ancestral comum, como no caso do protoindo-europeu para as famílias ro-mânica, germânica, celta, eslava, helênica etc.

Assim: raiz, *tronco*, ramo e folhas; cabeça, *tronco* e membros; *tronco*, ramos, idiomas.

É desse sentido de "estrutura central de onde se ar-ticulam outras partes" que a gente deriva também senti-dos "ramificados" (rá!) como o de *destroncar* uma ar-ticulação ou o de um *entroncamento* rodoviário.

Mas uma coisa curiosa é que o uso desse radical latino *trunc-* também esconde uma história. Afinal, ele tinha fundamentalmente não esse sentido de "centralidade", ou de "eixo", e sim a ideia da "mutilação", do corte que elimina algumas partes e deixa a árvore, por exemplo, sem ramos: só *tronco*.

É daí que surge por exemplo o nosso verbo *truncar*, que a princípio, portanto, evocaria essa ideia de "podar" certos elementos (as metáforas continuam se encaixando à perfeição), mantendo o que fosse central, mas acabou derivando para o seu sentido atual de "tornar conciso demais, obscuro". E vem igualmente daí, através de um diminutivo *trunculus* que se tornou *trunclo* e depois (você já conhece esses mecanismos) *troncho*, o sentido de "mutilado" e, posteriormente, de "sem jeito".

Indo mais longe ainda, é possível constatar que esse radical latino provém de uma raiz indo-europeia *tere-*, cujo sentido mais central era algo como "ultrapassar", "superar", "ir mais longe".

Acho que dá pra sonhar a ligação toda, não dá? Ela pode vir tanto através da imagem física quanto da psicológica da "superação", da agressão e da vitória. E nós temos, na nossa língua de todo dia, palavras que atestam essa ligação e que, portanto, são parentes distantes do *tronco*.

Uma delas é o adjetivo *truculento*.

Outra, que passou pelo francês antes de chegar a nós (prepare-se para aquele *ch*), é *trincheira*, ligada originalmente ao mesmo radical que gerou, no francês contemporâneo, a palavra *tranche*, com o sentido de "fatia", e o verbo *trancher*, "cortar".

Talvez a mais curiosa dessas sobrevivências, no entanto, seja a palavra *néctar*, em que tudo que resta da forma material do radical indo-europeu é o *tr* na sílaba final.

Primeiro de tudo, lembre que o nosso sentido mais imediato, de substância doce produzida pelos vegetais para atrair os animais polinizadores (olha só que coisa, as plantas de novo na nossa história), já é historicamente um sentido "derivado". Ele surge do uso metafórico de uma palavra que, na mitologia grega, descrevia a bebida preferida dos deuses do Olimpo, sua fonte de vida eterna.

E o processo de extensão desse sentido não parou na botânica, claro. A gente pode, na verdade, descrever qualquer bebida deliciosa como um *néctar*. Especialmente as bebidas doces. Indo mais longe ainda, e já entrando na seara mais aloprada do comércio, e no campo mais adulterado dos alimentos processados, veio daí o uso de *néctar* de fruta para designar uma bebida com bem pouco *suco*.

(Vale registrar um pedaço da parentela meio disfarçada de *suco*: *enxugar* provém do latim *exsuccare*, algo como "tirar o suco". E, ainda mais doido, *sujo* vem do latim *succidus*, "cheio de suco, de umidade".)

Mas e os deuses gregos?

Lembra que um dos poderes do *néctar* do Olimpo era conferir a imortalidade? E que a sílaba final da palavra está ligada ao indo-europeu "superar"? Logo, superar o quê?

A morte.

E é essa a noção por trás do radical *nek-* como a gente pode ver até hoje em derivados eruditos como *necromancia*, "adivinhação através de contato com os mortos", mas também em palavras mais rasteiras como *necrotério* e inclusive *necrose*.

O *néctar* era a superação da morte.

Agora, nada tortos são os caminhos que vão emendar as próximas palavras. Presta atenção que coisa curiosa.

Um sinônimo possível para *tronco* é *torso*, ainda que as duas palavras (por mais que pareça) não tenham relação histórica. Esse é um daqueles casos em que certas ligações etimológicas podem até parecer claras, sedutoras, mas não têm base. *Torso*, por exemplo, também não tem conexão com *torção* nem com *entorse*, *extorsão* etc. E, exatamente por isso, não provém do mesmo radical que gerou *torto*.

Sua fonte é o latim tardio *tursus*, originário da forma clássica *thyrsus*.

Tanto aquele *y* quanto o *th* inicial dessa palavra apontam para sua origem grega. Eram grafemas (sinais escritos, letras) que os romanos reservavam para marcar a pronúncia de certos fonemas (sons fundamentais da língua) que o grego tinha, mas que não existiam no latim. Nesse caso, um *t* que se pronunciava com a pontinha da língua saindo entre os dentes e um som vocálico parecido com o do *u* francês (você lembra, prepare a tua boca pra dizer um *u* e, sem mexer na posição dos lábios, pronuncie um *i*). Com a alteração dos sons para caber direito na fonologia do latim, essa pronúncia acabou se tornando aquela de *tursus*.

E qual o sentido do *thyrsos* grego, que começou essa bagunça toda?

Haste. Talo de planta.

E qual o sentido do tal latim *tursus*, que, se já tinha tocado esse horror com o som da palavra, não deixou por menos na hora de alterar seu significado?

Estátua à qual faltavam a cabeça e os membros.

Eis outro caminho imprevisível. Saímos da planta, através daquela mesma ideia de "estrutura central de onde saem os ramos/membros" (e não estranhe que o inglês use a mesma palavra, *limb*, para se referir a ramos e membros), mas não saímos diretamente para o *tronco* do corpo humano, e sim para o que nos pareceria ser um sentido ainda mais afastado, o da estátua que "representa" essa parte do corpo.

Caminho muito parecido (falei que era bacana) é o que gerou a nossa palavra *busto*, hoje com o sentido possível de "peito", "seios".

Por estranhíssimo que possa parecer, ela está de fato (como queriam inúmeras piadas da sétima série) ligada à palavra *combustão*, por exemplo, já que a partir do verbo latino *urere* ("queimar") acabou se formando *amburere* ("queimar em torno") e, depois disso, *ambustum*, como referência ao local onde havia se dado a cremação de um defunto.

Como os etruscos antigos já tinham o costume de guardar as cinzas dos mortos em uma urna em forma de um "retrato", de uma reprodução da aparência da pessoa quando viva, acabou havendo uma transição de sentido em que o nome do local passou a se referir ao que acontecia ali, depois ao produto desse processo e, ainda mais tarde, ao vaso que continha esse produto.

Como a mudança sonora também caminha a passos largos, nesse momento o prefixo *amb* de *ambustum* tinha sido erroneamente interpretado como apenas *am*, fazendo com que aquele *b* pendurado ali no radical do verbo gerasse a forma *bustum*.

É no italiano, já em tempos modernos, que vai haver a transição de "monumento", "urna funerária" para a ideia mais específica de um tipo de monumento comum: uma estátua que representava apenas os ombros, o peito e a cabeça da pessoa. Ou seja, mais uma vez, é a estatuária que dá nome a uma parte do corpo e não o contrário.

O *busto* de mármore veio antes do *busto* guardado no sutiã.

(Pena eu ter usado aqueles exemplos todos lá na introdução... eles caberiam bem aqui também.)

Agora há pouco falei de *seios*, e eis outra palavrinha que também teve seus (des)caminhos, mais ou menos como *colo*, de que a gente vai tratar na sequência.

A palavra portuguesa *seio* (assim como vários cognatos românicos, não estamos sozinhos nessa) vem do mesmíssimo latim *sinus* que nos deu *sino*, *seno* (e *cosseno*) e *sinuosidade*, além do mais improvável *insinuante*.

O traço semântico que justifica a união dessa família toda é o de "curva", claramente mantido na forma gráfica da representação das funções trigonométricas *seno* e *cosseno*. Quando você lança os valores dessas funções nos eixos x e y, elas produzem uma linha *sinuosa* que estabelece o desenho reconhecível em duas dimensões de um *sino*, ora.

Um desenho *sinuoso*, cheio de curvas.

Típico de uma trajetória que, ao invés de ir "direto ao ponto", em linha reta, chega a ele de maneira mais tortuosa, *insinuante*.

Há quem pense que a origem do nosso sentido de *seio* vem da descrição da curva formada não pelas "mamas" das mulheres, mas pelo espaço entre elas, um "vale" que teria forma de *sino*. Logo, a anatomia típica da mulher preveria a existência de um único seio. E seria desse sentido de espaço entre as mamas, pensado como "local de acolhimento", que teriam vindo os usos como "no seio da sociedade".

Segundo essa interpretação, o uso da palavra no plural, para se referir às duas mamas, seria devido a uma extensão/alteração posterior de sentido.

Mas deixa eu me corrigir aqui.

No fundo, a anatomia típica de qualquer ser humano prevê a existência de vários *seios*, já que na medicina a ideia de "curva" acabou passando a se referir a várias "concavidades" do organismo, como *seio renal*, *seio coronário* e, mais conhecidos, os *seios nasais*, cavidades localizadas logo abaixo dos olhos que, quando inflamadas, levam à *sinusite*.

As investigações sobre a origem do nosso sentido de *seios*, no entanto, não podem ignorar que em latim já existia a expressão *in sinu gestare* (algo como "levar no seio"), que se referia não à gestação, mas ao costume das mulheres romanas de levar seus bebês numa dobra da roupa (como que um *sling*), que formava uma espécie de cavidade em meia-lua na altura do peito.

É esse o *seio* que teria originado nosso sentido atual. Não a anatomia, mas a dobra, a curva do tecido.

Vale a pena fazer mais um desvio aqui, antes de chegar a *colo* (onde quer que ele esteja), para falar da "forma" da palavra *seio*. Afinal, ela é um belo exemplo de algo que caracteriza uma fatia bem grande do vocabulário que a língua portuguesa herdou do latim: o destino das consoantes intervocálicas.

Boa parte dessa história se aplica também aos outros idiomas românicos — ou a alguns deles nuns casos e a outros em outros casos. Não cabe no nosso passeio aqui entrar nessas minúcias, língua por língua. Mas é bacana lembrar que, se algo tem esse alcance meio "pan--românico", isso sempre há de apontar para o fato de que esse "algo" já vinha acontecendo dentro do próprio latim, em suas formas populares e tardias.

O algo em questão é uma espécie de fragilização.

Se a gente pensar que existe uma oposição de espécie entre vogais e consoantes, entre os sons formados apenas pela modulação da passagem do ar e aqueles que a interrompem ou a espremem a ponto de gerar ruído, a situação em que uma consoante se vê entre duas vogais coloca esses dois mundos em situação de contato e de choque.

E você pode a esta altura se perguntar: "Mas por que a gente não diz a mesma coisa de uma vogal em situação interconsonantal?".

Digamos apenas que, na ordem natural das coisas, as vogais têm mais corpo. Elas duram mais no tempo, são mais pesadas e mais presentes, enquanto as consoantes têm um pouco essa qualidade de interrupção, de algo mais momentâneo, passageiro. Daí ser mais fácil que as vogais passem por cima das consoantes e não o contrário.

Pra você ter uma ideia, o tempo de interrupção de ar para se gerar uma consoante pode ser da ordem de 25 milissegundos, enquanto uma vogal pode se estender pelo tempo que durar o teu fôlego. E nesse ambiente perigoso, em que a pobre da consoante se vê precedida e sucedida por vogais, ou seja, por sons emitidos de maneira contínua e com vibração das pregas vocais (*vozeados* ou *sonoros*), uma maneira simples de entender os perigos que as ameaçam é pensar que existe uma certa tendência inercial na articulação dos fonemas.

A ideia é mais ou menos a seguinte: para dizer *seno*, estou ali pronunciando uma vogal (*e*), e depois dos milissegundos de interrupção pela consoante vou pronunciar outra vogal (*o*).

Vogais caracterizam-se por serem vozeadas e *contínuas*, se estendendo no tempo. Se eu simplesmente passar por cima de consoantes, que contrariam essas marcas, eu facilito o meu caminho de vogal a vogal. É como se aquele *n* fosse uma lombada entre dois trechos lisos de estrada.

Aplanar esse calombo vai dar frutos diferentes, de acordo com os diferentes tipos de consoantes envolvidos no processo. No caso das consoantes *desvozeadas* (as *surdas*), é esse traço que vai acabar sendo eliminado na passagem de vogal a vogal. É assim que de *catena* eu faço *cadeia* (lembra que o *d* e o *t* têm o mesmo ponto de articulação? São como que irmãos separados pelo vozeamento. Aqui, a extensão do vozeamento de uma vogal a outra apaga o desvozeado do *t* e o transforma em *d*). É assim que de *amica* eu gero *amiga* e de *coperta*, *coberta*.

No caso das que já eram vozeadas, o elemento que acaba invadindo a consoante é o traço de *continuidade*. Assim, as consoantes chamadas de *oclusivas*, em que há interrupção total do fluxo de ar, acabam se tornando *africadas*, em que essa interrupção é parcial, e muitas vezes terminam caindo, desaparecendo completamente.

Aliás, *cair* é um belo exemplo, já que provém do latim *cadere*, em que aquele *d* intervocálico primeiro passou a ser pronunciado como um *dh* (mais ou menos o *th* do inglês numa palavra como *those*) e depois caiu, gerando a princípio *caer*, que continua assim no espanhol, posteriormente regularizado no português para *cair*. Aqui, a estrada é a continuidade e a lombada, a interrupção do fluxo de ar pela consoante.

Você consegue confirmar por conta própria como a articulação de um *d* envolve um toque firme da língua na parte de trás dos dentes da frente, enquanto a articulação daquele *th* envolve um toque leve, que ainda permite que o ar passe, mas já num fluxo mais contínuo. Em resumo: você consegue dizer *th* por bastante tempo, mas o *d* é instantâneo, não pode ser prolongado.

Essas regras são gerais. Elas valem, de maneiras e

em graus diferentes, para todas as línguas românicas (o italiano e, em algum grau, o romeno são línguas que conservaram bem melhor as consoantes intervocálicas; note que as palavras que a gente viu aqui, no italiano, seriam *catena*, *amica*, *coperta*, *cadere*: põe conservadorismo nisso!). Elas também acolhem exceções mesmo nas línguas em que têm mais força. As consoantes *duplas* do latim, por exemplo, tendem a resistir melhor. Por isso temos *gato*, ainda com uma surda intervocálica, proveniente do latim *cattus*.

Uma coisa bem mais portuguesa acontece com duas outras consoantes, o *n* e o *l*, que na nossa língua tendem a ser eliminadas em ambiente intervocálico, apesar de se manterem bastante bem nos outros idiomas. Há quem acredite ver nesse fenômeno uma influência direta da presença dos suevos, uma tribo germânica, na região onde se formou o galego, que posteriormente viria a gerar o português.

Você até já viu um exemplo agora há pouco. Porque na passagem de *catena* para *cadeia* a gente constata não só a alteração da oclusiva intervocálica, mas o fato de que o *n* tomou chá de sumiço.

A queda desse *n* (uma consoante nasal) costumava deixar uma marca. Porque, aqui sim, existia também uma influência da consoante sobre a vogal que a antecedia, aquela ressonância nasal que a gente já comentou. Mais ou menos com aquele mesmo espírito da "economia de esforços", tipo "Se eu vou ter que baixar o véu palatino para pronunciar aquele espirro de consoante, deixa eu começar já agora, enquanto estou pronunciando a vogal".

Com isso, acontece o que a linguística chama de pré-nasalização, em que a vogal anterior já ganha uma pronúncia nasal.

Veja como é difícil pronunciar *banana* com um *a* aberto e oral na segunda sílaba. Tipo *banána*. A nossa tendência é pré-nasalizar. E como você já há de ter percebido, essa tendência opera apenas nas sílabas tônicas. É possível pronunciar *bānāna*. Minha mãe falava assim. Mas não é tão automático para todos os falantes como *banāna* é.

Essa regra é tão poderosa na fonética do português que a gente sofre pra se livrar dela quando fala outros idiomas. É uma das grandes marcas do sotaque dos brasileiros.

Por exemplo: o nosso instrumento musical *piano* também se chama *piano* na Itália. A única diferença entre a nossa pronúncia e a deles é que nós pré-nasalizamos aquele *a*. Eles, pros nossos ouvidos, parecem dizer *piáno*.

Pois bem, só que por causa disso, quando a consoante nasal (nesse caso, aquele *n* intervocálico) acaba caindo, a tal da pré-nasalização continua ali como marca, como rastro da sua presença em outro momento. Assim, se de *catena* nós fizemos *cadena*, no passo seguinte teríamos não *cadea*, mas *cadẽa*.

E as palavras que passaram por esse processo se resolveram de maneiras diferentes na história do português.

No caso da nossa *cadeia*, o que aconteceu foi a perda gradual da nasalidade (*cadea*) e, depois, o surgimento de uma semivogal para desfazer aquele hiato. Duas vogais juntas parecem ser um tipo de choque, e a transição sai suavizada quando entra em cena um ditongo, essa marca tão forte do português. Assim, de *cadea* surge *cadeia*. Como de *feo* se fez *feio* e, claro, de *seo* se fez *seio*.

Em outros casos, o hiato se manteve. E o exemplo mais famoso é o de *luna*, que gerou *lũa* e depois ficou como *lua*.

Em outros, ainda, surgiu um som novo, inexistente no latim, para emendar a vogal nasalizada com a da sílaba seguinte. É dessa maneira que de *vinus* se fez *vino* > *vĩo* > *vinho*.

Todas essas formas são singulares do português. Em italiano, a palavra para a nossa lua, por exemplo, é *luna*. Em espanhol, de novo, *luna*. Romeno? *Lună*. Francês: *lune*.

Aliás, lembra daquela ideia de que o francês gosta de inventar um *ch* nas palavras latinas que começavam com *ca*? Pois somem-se a isso a tal queda da consoante intervocálica e a manutenção do *n* e, daquela mesma *catena*, você tem a coisa bizarra que é *chaîne*, pronunciada mais ou menos como *chéne*, e que dá origem ao inglês *chain*.

Coisa parecida (e nem se alarme, não vou detalhar tudíssimo) acontece com o *l* entre vogais.

É por isso que de *dolorem* a gente deriva primeiro *door* e depois *dor*. E o divertido é que a gente consegue saber que durante algum tempo essas duas vogais iguais eram mesmo pronunciadas; uma das fontes dessa informação é a escansão dos versos da poesia galego-portuguesa, onde dá pra saber se o poeta queria que *door* contasse como duas sílabas.

Mas não esqueça que, nas palavras que chegaram mais tarde, pela via erudita, essas coisas não aconteceram. E a gente ainda tem *doloroso*, por exemplo.

E já que o nosso assunto é o corpo, cabe lembrar que de *dolere* (o verbo) nós tiramos *doer*. E de *dolentem* (aquele que sente dor) tiramos *doente*. Como essa palavra acabou se especializando com o significado que tem hoje, foi preciso buscar aquele *doloroso* para retomar seu sentido mais básico.

Outro par estranho de palavras é *calor* e *quente*, em que as coisas parecem invertidas, já que a evolução *calente > caente > quente* (em que o *qu* é apenas a nossa forma de grafar o som *k*, que já estava ali) é perfeitamente normal. Mas a manutenção daquele *l* na palavra *calor* é mais esquisita.

Seria de esperar que ela tivesse evoluído como evoluiu *cor*, a partir de *colorem*. E talvez isso seja parte do problema. O português poderia ter ficado com dois substantivos *cor*, cada um com um sentido bem diferente. E, para piorar, a gente ainda tem *cor* com sentido de coração, na expressão "de cor". Não é impossível que esse "choque" tenha sido um dos motivadores, ou ao menos um reforço, da adequação de se emprestar uma palavra com uma forma estrangeira, quase certamente do espanhol.

Mas o que me interessa aqui é a demonstração de uma coisa que eu tinha mencionado lá atrás. Que depois de a gente entender o funcionamento geral de uma regra e suas exceções, é possível entender coisas aparentemente ocultas e obscuras a respeito da história de uma palavra só de olhar pra ela pela primeira vez.

Nós não podemos, com facilidade, entender o porquê e o como. Mas é seguro dizer que alguma coisa aconteceu com a palavra *calor*, e é quase certo que ela tenha entrado no português a partir de outro idioma românico.

Só de ver aquele *l* ali todo pimpão.

E esse é meio que o nosso barato aqui, né? Revelar a história por trás do que parece opaco e às vezes até desinteressante e mostrar o quanto, na verdade, essas estórias estão escritas bem escandalosamente na superfície — basta saber olhar.

Quer colinho?

Eu tinha prometido falar disso, né? Então vamos a ele.

Primeiro de tudo, a parte simples: nosso *colo* vem de um latim *collum* que já tinha o mesmo sentido.

Ao menos em parte. Porque o latim se referia ao pescoço. Mas com o passar do tempo chegou também a significar outros "estreitamentos". Por isso podemos, por exemplo, falar em *colo do útero*.

Mais ainda: aquele primeiro sentido acabou rendendo uma cadeia de derivados, todos de alguma maneira ligados ao pescoço, como fica muito claro em *colar*, *colarinho* e *coleira*. Outra forma relacionada a essa é *degolar* (e a esta altura você nem tem como se surpreender com a "sonorização" daquela consoante entre vogais) no sentido de "cortar o pescoço".

Indo cada vez mais longe no campo das derivações imprevisíveis, *coliforme*, para descrever um tipo de bactéria, provém do fato de que elas teriam "forma de pescoço"!

E mesmo aqueles sentidos que se formam pela contiguidade, tipo as peças de roupa que se usam em torno do pescoço, podem esconder surpresas. Afinal, um *cachecol* nada mais é que um "esconde pescoço" em francês, língua em que "ocultar" é *cacher* e "pescoço" hoje é *cou*, mas já foi *col*.

Eu sempre gosto desses momentos em que uma palavra, ao ser emprestada para outra língua, fica isolada dos caminhos e descaminhos que vão passando pela sua terra natal e acaba se transformando numa espécie de fóssil. Se alguém por acaso não tivesse acesso a formas antigas do francês, poderia atestar que um dia a palavra *col* já existiu apenas graças a essa palavra cristalizada em sua forma antiga no português. É o mesmo, aliás, que se dá com a palavra *oboé*, que atesta tempos em que a pronúncia de *bois* em francês (hoje "buá") era diferente, já que o sentido claro da palavra era *haut bois*, "madeira alta, de qualidade".

Acho que uma das melhores receitas para ridicularizar a ideia monarquista (caso você um dia acorde com essa disposição) é pensar que a famosa frase *L'État c'est moi* (o Estado sou eu), atribuída apocrifamente a Luís XIV, caso um dia tivesse sido pronunciada, terminaria, no francês do século XVIII, com o som *mwé*.

Outras divergências acontecem sem que a gente precise recorrer a empréstimos de outros idiomas, pois se *colar*, *colarinho* etc. ainda mantêm uma conexão clara com o pescoço, a trajetória de *colete* (sim!) foi um pouco mais trabalhosa. Quando a palavra chegou ao português, vinda do francês *collet*, já tinha o sentido mais restrito de "gola". Mas de início ela se referia a um tipo de manta, pequena, que se usava à roda do pescoço.

Como um *cachecol*, uai.

E, como sabem as pessoas que ainda usam essas mantas, xales, pashminas (palavrinha genial, derivada do persa *pashm*, "lã"), elas também podem ser usadas mais frouxas, cobrindo apenas os ombros e o peito. A partir desse uso é que houve uma extensão de sentido, e a palavra passou a significar "espartilho" (outra palavrinha doida: *esparto* é um tipo de junco, de que se faziam as varetas que sustentavam os primeiros espartilhos). E foi daí que, desdobramentos e desdobramentos depois, veio o nosso sentido de "colete" como peça que cobre somente o torso, deixando os braços de fora.

No entanto, ao menos para mim, o mais curioso dos derivados de *colo* com o sentido de "pescoço" é o verbo *colear*, e sobretudo o adjetivo *coleante*, no sentido de "serpenteante, sinuoso", que originalmente queria dizer apenas "mover o pescoço", da mesma forma que *menear* significava "mexer as mãos" (calma, ainda chegaremos a elas).

Lindo saber que uma palavra tão… poética (?) tenha essa origem diretamente ligada a algo carnal, concreto.

Um fato bônus nessa curiosa história do *colo* é que a gente teve que voltar ao pescoço, quando o nosso assunto até então era o peito. Afinal, houve uma ligeira "migração" de sentido, pois a palavra posteriormente pôde se referir ao "busto" das mulheres — um uso hoje menos frequente — e também à parte superior das coxas, quando falamos em sentar "no colo".

Curioso também, nessas andanças coleantes do colo pelo corpo, é que ainda hoje, quando se fala em pegar um bebê no colo, isso pode se referir a colocar a criança na altura do peito ou sobre as pernas. Tudo, menos o pescoço.

A própria palavra *peito* não reserva maiores emoções. Ela provém de um latim *pectus* que tinha o mesmo sentido e, pior ainda (se a gente quer surpresas e inovações), estava ligado à raiz indo-europeia *peg-*, com o mesmo significado. A coisa mais divertida que eu posso te oferecer aqui é que um remédio *expectorante* pode até não parecer, mas diz na cara que serve para botar algo para fora (*ex*) do peito (*pectorem*).

Fora isso, ao menos aqui pelo Sul houve tempos, anos atrás, em que o feminino *peita* quis dizer "camiseta", o que também é curioso, porque se você olhar no dicionário vai descobrir que existe uma palavra *peita* derivada não de *pectus*, mas de *pactum* ("pacto"), com o sentido de "imposto". Mais um caso daquelas evoluções convergentes, em que caminhos diversos levam ao mesmo destino, a uma coincidência de resultados.

Outra etimologia que parece monótona numa primeira espiada é a de ombro, que provém do latim *umerus*, de mesmo sentido. Só que aqui dá pra gente explorar outras coisas, outros caminhos, já que tem um troço esquisito na história dessa palavra.

Você já viu um *u* latino virar *o* em português tantas vezes que nem cabe mais mencionar esse fato. Você já sabe também que, quando o acento intensivo foi ganhando primazia, as palavras de padrão proparoxítono foram sendo transformadas em paroxítonas, normalmente graças à queda da primeira vogal depois da tônica.

O problema é que, nesse caso, isso te leva direitinho de *umerum* (a forma vulgar) até *omro*. Mas falta aquele *b*.

E o surgimento desse camarada é uma chance boa pra gente falar de alguns processos mais irregulares de alteração consonantal. Porque esse é dos melhores: aquilo que a filologia antiga chamava de *epêntese*, a inserção de uma consoante que chega do nada e resolve algum tipo de "problema" sonoro.

Nesse caso, o problema é o desajeitismo daquele encontro *mr*, que simplesmente inexiste no português.

Lembra que o *b* é irmão total do *m*, só que sem a saída do ar pela cavidade nasal?

Então.

É bem por isso que ele aparece ali como forma de gerar um encontro consonantal mais comum na nossa fonologia. A tal da epêntese do *b* acaba suavizando o choque de um *m* com um *r*. Foi assim, também, que o francês desenvolveu a palavra *chambre*, a partir do latim *camera* (no sentido de "cômodo, quarto"), que acabou sendo emprestada para o inglês, onde se transformou em *chamber*. E que aqui entre nós, importada como parte do nome do *robe de chambre* ("roupa de usar no quarto"), acabou ganhando esse sentido independente.

Quando eu era mais jovem, você podia falar que fulana estava de *robe*. Décadas e décadas antes, teria dito que ela estava de *chambre*.

Na nossa fatia lá da península Ibérica, na região que um dia viria a se chamar Portugal, coisa igualmente memorável aconteceu com a forma latina tardia *memorare*, que significava "trazer à memória", "recordar".

Passada pelo liquidificador das mudanças previsíveis em português, ela teria que acabar em *memrar*, que a gente já viu que é impronunciável demais pro nosso gosto.

Sapeca um *b* e ela se torna *membrar*.

E é com a grafia *menbrar* que ela de fato faz sua primeira aparição no registro histórico da língua, ainda no século XIII. Não muito depois disso, no entanto, ela já aparece também como *nenbrar*, que oferecia uma solução diferente para os dilemas daquele *memrar*, não só mandando ver na epêntese do *b*, mas também operando uma "dissimilação" consonantal, fenômeno que por vezes age para diferenciar duas consoantes iguais na mesma palavra.

Só que hoje não temos nem *membrar* nem *nenbrar*, e sim *lembrar*, forma que passou por ainda outro grau de dissimilação, afastando de vez a primeira consoante do mundo das nasais *m* e *n*.

Qual a "razão" etimológica para a existência desse *l* inicial do verbo *lembrar*?

Meio que nenhuma. Ele não devia existir.

Acabou surgindo por questões internas, choques de sons que pareciam complicados aos ouvidos portugueses. Veja, por exemplo, que não há formas paralelas desse verbo nas outras línguas românicas. Trata-se de uma série de "casuísmos", em que os processos de alteração sonora vão alguns passos mais longe do que deviam apenas para deixar os falantes mais satisfeitos com a sonoridade da palavra.

E esses processos continuam em jogo.

Cada vez que um falante brasileiro tropeça na palavra *problema*, com sua incômoda sequência de encontros consonantais, está manifestando o mesmo tipo de arrepio que um dia levou a uma série de alterações como as que a gente acabou de ver.

Essa palavra simplesmente não tem muito o jeitão do nosso vocabulário. Não fosse ela ter entrado na língua como um eruditismo latino só no século XVI, quando as estruturas de controle da mudança já estavam em pleno funcionamento, seu destino teria sido algum tipo de alteração que a deixasse mais suave aos nossos ouvidos.

Que tipo?

Ora, os que a gente continua vendo pipocar na rua. *Pobrema*, provavelmente em primeiro lugar.

Ah, mas *pobrema* é feio!

Só porque hoje a gente associa essa pronúncia a pessoas que não frequentaram a escola. Será que a palavra é mais *feia* do que *sempre*, *entre* e *sobre*, que trocaram o lugar das consoantes latinas das palavras *semper*, *inter* e *super*? Será que é mais feia que o adjetivo *brando*, que gerou o mesmo encontro *br* a partir de um *bl* do latim *blandus*?

Será que *pobrema* é mais feia do que o adjetivo *prove*, corrente no português logo antes da fixação da forma *pobre* em dicionários e gramáticas? E veja que mesmo esse *pobre* sacudiu a fonética do *pauper* do latim, sonorizando a consoante média e, de quebra, trocando também o *r* de lugar.

Todas foram alterações legítimas da história da língua, e cada uma ocorreu em momentos distintos, daí serem tratadas de modo diferente. Mas nem por isso seriam menos legítimas.

Aliás...

Você já se deu conta de que *legítimo* é também um eruditismo, né? Proparoxítono e tal. E provavelmente entendeu que ele está ligado ao radical *leg*, que encontramos em *legislar*, *legalismo* e ainda em *legal* (em todos os seus sentidos: só a gente pra transformar esse adjetivo em sinônimo de *divertido*; imagina um inglês dizendo *lawful* pra se referir a um passeio de caiaque...).

Então.

Esse radical também está por trás da nossa palavra *lei*, que vem do latim *legem* através da conhecida derrubada daquela consoante sonora. *Legem > lege > lee > ley > lei*. E essa queda do *g* também explica a forma "popular" (você já vai me entender nisso das aspas) do latim *legitimus*, que já no século XIII aparecia em textos como *lídimo*. Vamos de novo? *Legitimus > leítimo > leídimo > lídimo*.

Curioso é que a forma "erudita" aparece logo antes do século XVI e, de lá pra cá, toma completamente o terreno da outra, anterior. E com isso, como raridade tende a ser sinônimo de erudição, a gente chega à curiosa (mas nada inédita) situação em que hoje a forma "erudita" é comum e a "popular" parece erudita.

Certo.

Damos de ombros.

Só deixa eu aproveitar que o latim *umerus* ainda se conserva direitinho no nome do osso *úmero*, que não à toa fica na parte superior do braço, pra falar correndinho de outro osso ali na vizinhança: a *clavícula*. Posso até argumentar que se trata de um osso quase visível a olho nu, né?

O que não é visível sem uso de lentes especiais é a história estranha por trás da palavra.

De saída, trata-se de um diminutivo, como você já viu, do latim *clavis*.

Ora. A gente ainda tem a palavra *clave* em português, com vários sentidos, inclusive o de sinal empregado no começo das partituras musicais para determinar o valor de cada linha da pauta: *clave de sol, clave de dó*. Mas, assim como a estrutura proparoxítona, a mera presença do encontro *cl* aponta para um certo grau de conservadorismo na palavra. Essa sequência consonantal normalmente evolui de duas maneiras em português: tornando-se *ch* (*clamare > chamar*) ou tornando--se *cr* (*clavum > cravo*). E as duas vão dar as caras nessa pequena história da família da clavícula.

Clavis, na sua evolução mais direta, gerou o português *chave*. E não é à toa que em inglês, por exemplo, a mesma palavra *key* cubra tanto o nosso sentido de "chave" quanto o de "clave".

A partir de *chave* podemos formar os diminutivos portugueses *chavinha* ou *chavezinha*. Mas aquele diminutivo latino original também evoluiu direto para a nossa língua, e de maneiras razoavelmente previsíveis. Seguindo o conhecido horror às proparoxítonas, surge a forma *clavicla*, logo alterada para *clavecla*. A partir daí, cada um dos *cl* segue um rumo diferente, um deles mais previsível, outro algo mais irregular, e chegamos a *cravelha* ("chavinha"), palavra ainda utilizada para designar as "chaves" que afinam instrumentos como o violino e o alaúde.

Diga-se de passagem, eu falei agora há pouco que *cravo* provém de *clavus*. Mas ali eu estava pensando no *cravo* sinônimo de *prego*, que formou ainda o verbo *cravar* e todos os seus derivados, e que, por semelhança física, acabou se referindo também ao tempero e, sim!, àquela coisinha escura que aparece nos nossos poros obstruídos.

Mas existe ainda o *cravo* instrumento musical, antecessor do piano. Essa palavra tem outro caminho e deriva, lá longe, da nossa *clavis*, aqui com o sentido de *tecla* (outro que o inglês cobre com *key*).

Você precisa puxar muito pela imaginação (ou ver uns filmes, visitar uns museus) pra saber que as *chaves* da Idade Média de fato podiam lembrar o formato do osso que até hoje chamamos de *chavinha*. Mas a história da palavra não deixa essa semelhança morrer.

Agora, se você me permite, vamos ali para baixo do braço. E devo deixar registrado que "embaixo do braço" era a forma-padrão de se referir a essa região na minha infância. *Sovaco* era meio tosco e *axila* acho que só fui conhecer na escola.

E lá na história antiga do latim a coisa não parece ter sido muito diferente. Só que em vez de se referir a um ponto sob o *braço* eles usavam como referência a anatomia animal e pensavam num espaço "embaixo da asa".

Até aí tudo bem.

Mas a coisa fica interessante de verdade quando a gente encara a "forma" da palavra.

Primeiro porque a nossa palavra *asa* já é curiosa. Lembra quando você achou divertido, na infância, descobrir que uma xícara tinha *asa*? E claro que a tua cabeça, como a minha, por mais que não soubesse os nomes desses fenômenos, pensou que era mais um desses casos de metonímia, em que a gente nomeia um objeto por similaridade de aparência ou de função com outra coisa.

Só que não.

Ou não exatamente. Essa *asa* vem do latim *ansar*, que tinha exatamente esse mesmo sentido de "alça" (já parou pra ver a ligação de *alça* com o verbo *alçar*?). E foi ela que sofreu uma ampliação de sentido para se referir ao membro superior das aves, aos apêndices torácicos dos insetos, à membrana das mãos dos morcegos etc. Houve metonímia, sim. Mas ela veio na direção oposta da que você pensava. Porque a palavra latina que se referia ao que a gente chama de *asa* era *ala*.

Nenhuuuma surpresa.

Como sempre, ficaram pegadas dessa história no nosso adjetivo *alado*, por exemplo. Ou mesmo no uso de *ala* como uma das partes laterais de uma construção, de uma tropa militar, de um time esportivo. Afinal, é daí que o termo *ala* passou, por mais uma metonímia, a significar a pessoa que ocupa essa posição no campo ou na quadra.

Brasília, esse estranho e brasileiríssimo projeto, por causa de sua forma de avião acabou ganhando uma *asa*

Norte e uma *asa* Sul. Mas nada impediria que tivesse *alas*.

Muito bem.

A questão, no entanto, é que *axila*, e também outras formas românicas como o francês *aisselle*, o italiano *ascella* e o catalão *aixella*, tem sim a maior cara de diminutiva. Mas o que está fazendo ali aquele *x* do português, espelhado diretinho nos desenvolvimentos das outras línguas?

Para explicar esse fato, a gente precisa voltar à forma pré-clássica da palavra *ala* em latim, que era *axla*. Ligada inclusive ao mesmo radical *ax-* que nos deu *eixo* e sua prima chique, a forma adjetiva *axial*.

Lembra logo ali atrás quando eu falei que às vezes um empréstimo de uma língua para outra acaba virando uma espécie curiosa de fóssil, por manter registradas uma forma ou uma pronúncia mais antigas, que acabaram desaparecendo na língua "emprestadora"? Pois às vezes isso acontece até mesmo na passagem do latim para o português, como nesse caso, e a gente se vê diante dessa estranha situação em que, debaixo do nosso braço, se esconde uma palavra arcaica do latim.

Logo: mais respeito pela senhora axila!

Um desvio pequeno aqui só para comentar que em romeno essa forma não sobreviveu. Axila por lá é *subsuoară*. E essa história tem sua graça porque *ară*, ali, deriva claramente de *ala*, sem problemas. *Sub*, logo no começo, é o nosso *sob*; portanto: "embaixo da asa". Mas o negócio é que aquele *suo* do meio do caminho também é um *sub* inserido como redobro quando se perdeu a consciência da formação da palavra!

Mais ou menos como o nosso *comigo*, que tem duas vezes a preposição *cum*. Ou como o que acontece toda vez que você sai para *comer com* alguém, já que, pasme, o nosso verbo *comer* de fato se forma a partir da ideia de ingerir alimentos (*edere*) junto de (*cum*) alguém: *cum* + *edere*.

A preposição *com* tem essas manhas de desaparecer em palavras.

Um *colega* é alguém que lê (*legere*) com você; um *companheiro* é alguém que divide o pão (*panem*); um *cônjuge* é alguém que está sob o mesmo *jugo* (!).

Sovaco (sim, é essa a grafia oficial daquilo que a gente ouve como *suvaco*, *sobaco*, *subaco* etc.) é palavra de origem obscura.

Não vou te fazer passear por todas as hipóteses

para explicar essa forma portuguesa e espanhola. Mas adianto que a mais convincente pra mim a vê como uma *metátese* (aquele nome pra lá de erudito que basicamente quer dizer que sons trocaram de lugar dentro da palavra) de uma formação do tipo *subcavus*, no sentido de "oco", "concavidade inferior". E lembre que a gente ainda tem o verbo *socavar* e um substantivo como *socavão* para se referir a uma cavidade num terreno.

Para uma palavra ainda hoje tão cheia de metamorfoses na pronúncia, acho adequado que ela tenha surgido de uma inversão deste tipo: *socavo* > *sovaco*.

Outra palavra que adora mudanças de forma no mundo românico é *umbigo*.

O português, como em tantos outros casos, é a tia conservadora, classicona. Pois se a gente parte do latim *umbilicus*, o que acontece ali a esta altura é bem mais que previsível, e nem é tanta coisa assim. O *l* intervocálico cai, como sói cair, e o *c* se sonoriza e se transforma na sua irmã vozeada, *g*. Regulariza-se a vogal final para o padrão lusitano em *o*, e pronto. Fez-se um umbigo. Que por aqueles fenômenos de assimilação que você já conhece também pode virar *embigo* e *imbigo* na nossa pronúncia.

Quando eu era pequeno, adorava a piada da minha

mãe, que decompunha a palavra e brincava que o seu plural seria *dois bigos*. O fato é que aquela sílaba inicial realmente inspirou umas confusões, ainda que diferentes. Em francês, por exemplo, *nombril* se explica apenas por contágio de uma consoante que deve ter vindo de um artigo indefinido ou de um pronome possessivo. *Mon ombril* acaba virando *monombril*, confusão mais que compreensível, especialmente quando se pensa na pronúncia "emendada" de gente que nem está familiarizada com a escrita. Uma fusão desse tipo (mas com o artigo definido) deve estar por trás também do catalão *llombrígol*.

Essa bagunça que acontece ali na fronteira entre as palavras fica muito bem ilustrada na história da *laranja*. Ou, melhor ainda, na história de *orange* (tanto em francês quanto em inglês), ou *arancia* em italiano, assim como daqueles bolinhos de risoto chamados de *arancini*, por parecerem laranjinhas.

A fonte mais distante da palavra é o sânscrito *naranga* (de novo escrito aqui em alfabeto latino, pra evitar que você tenha que se virar com नारङ्ग). Esse era o nome da laranjeira na língua clássica do subcontinente indiano, que também pertence à mesma família indo-europeia de que fazemos parte nós e tantos outros idiomas.

Pra te falar a verdade, e engrossar ainda mais o caldo, essa palavra sânscrita é quase com certeza um empréstimo de alguma língua dravídica, pertencente ao outro grande tronco presente na Índia, e talvez provenha de uma raiz austro-asiática, da família de línguas a que pertencem, entre outras, o vietnamita e o cambojano.

Longa história, então.

Mas o termo conforme usado em sânscrito acabou chegando ao fársi (ou persa) já com a forma *narang*, que por sua vez entrou como empréstimo no árabe *naranj*.

Esse comércio todo ainda é do tipo "local". Estamos falando de uma palavra que vai pulando fronteiras geográficas entre culturas e idiomas mais ou menos vizinhos.

Mas...

Com a chegada do islã à Europa na Idade Média, a palavra árabe ganhou o "mundo". Veja, inclusive, que na península Ibérica, onde a presença islâmica durou séculos, sobreviveram algumas formas mais ou menos conservadoras dessa *naranj*. *Naranja* na Espanha e *laranja* em Portugal — você *lembra* que já viu essa dissimilação em ação!

Nos demais idiomas europeus que conservam marcas dessa palavra, ela chegou através do italiano. Pois a Itália — apesar de nem sempre se mencionar este fato — viveu uma imensa presença do islã entre os séculos IX e XI.

E foi ali que se deu a mixórdia em que algo como *una-rancia* foi reinterpretado como *un-arancia*, com o *n* passando de um lado para outro da fronteira entre as palavras, reinterpretado como parte exclusiva do artigo e não do substantivo. E dessa *arancia* surgiu enfim a forma *orange*, por exemplo.

É uma imensa viagem. Uma palavra que pode ter surgido no Sudeste da Ásia, emprestada por uma língua dravídica, passada então ao sânscrito, que a empresta ao árabe, que a leva à Europa, de onde ela ganha o mundo!

Deu tontura?

Fica então com uma listinha, só pra você se divertir, dos derivados daquele mesmo termo *umbilicus* em outras línguas românicas.

Romeno: *buric*
Provençal: *embonilh*
Sardo: *imbírigu*
Siciliano: *viddicu*
Veneziano: *bunigolo*
Italiano: *ombelico*
Friulano: *bugnigul*
Asturiano: *embeligru*
Espanhol: *ombligo*
Galego: *embigo* (familiar, hein?)

Talvez não seja só a palavra. Será que o umbigo é por si só divertido?

Uma personagem panamenha do romance *Two Serious Ladies*, de Jane Bowles, adora ficar repetindo *belly button*, umbigo em inglês, porque segundo ela é uma palavra engraçada ("botão da barriga"?) formada por duas palavras de sons engraçados.

Aliás, *barriga*.

Mas, antes, *aliás*.

Você já deve ter percebido que eu gosto de começar parágrafos com "aliás". Acho uma transição pra lá de excelente. Especialmente porque, como eu te desafio a desmentir, a gente nem consegue definir exatamente o que *aliás* quer dizer!

Nós usamos a palavra para emendar assuntos parecidos, para ir mais fundo num assunto anterior, mas também para mudar de assunto sem maiores pudores!

No latim clássico, *alias* queria dizer "outra vez", "numa outra ocasião", mas acabou gerando uma cascata de sentidos tão grande que inclui até *alias* como sinônimo de "pseudônimo" em inglês.

Pra piorar (ou melhorar), o português herdou do cingalês (a língua do Sri Lanka, antigo Ceilão) a palavra *aliá* com o sentido de "fêmea do elefante". Por alguma razão a minha mãe (sempre ela) sabia disso, e gostava de saber. Faz muitos anos que penso que, se um dia eu tiver uma livraria, a placa vai ter duas elefantas, e o nome vai ser *Aliás*.

(Como eu sou zero empreendedor, pode roubar a ideia.)

Então.
Barriga.
Outra palavra de som engraçado. Mas, infelizmente, sem maiores curiosidades.

Como a gente ainda tem a palavra *barrica*, sinônima de *barril*, e o formato das duas coisas é suficientemente próximo para justificar a aproximação, ora, nem vale querer tirar alguma surpresa disso. Ainda mais que a transformação de *c* em *g* quando está entre vogais já é coisa mais que conhecida aqui pra gente.

Parece que toda a diversão da região ficou concentrada no umbigo.

Tudo bem que não deixa de ter seu lado quinta série a gente perceber que a nossa palavra "oficial" para uma parte do corpo deriva de uma comparação tão tosca. E que mesmo a mais esguia e mais esbelta das pessoas tem uma *barrica* no meio do torso.

Já que entrei neste assunto de barriga, vale comentar que o nosso adjetivo *magro* vem do latim *macer* (por isso o superlativo *macérrimo* que você aprendeu na escola), que tinha uma forma acusativa *macrum*. Não é tão comum quanto em ambiente estritamente intervocálico, mas também esse aqui está longe de ser o único *c* em um encontro consonantal que passou por sonorização e virou *g*.

Nada de mais.

Já a palavra *gordo* é mais interessante.

Primeiro, vale registrar que a palavra tem entrada meio tardia no português, aparecendo apenas no século XIII. Segundo, saiba que se encontra no latim usado na península Ibérica a palavra *gurdus*, com um sentido pejorativamente... parecido?

Ao menos deve ter sido o que esteve na cabeça das pessoas quando passaram a usar um adjetivo que queria dizer "estúpido, lento, pesado" para se referir a pessoas com mais peso. Eu, na qualidade de eterna criança gorda, protesto. Mas é fato que esse preconceito tem séculos marcados na língua.

Duas coisas a mais em torno da *gordura* podem ser interessantes.

Uma delas é que esse latim ibérico, sem presença e sem frutos nas outras regiões da Romênia, assim como a própria forma da palavra, faz muita gente supor se tratar de uma palavra que restou do substrato das línguas faladas na península antes da chegada dos romanos. Eu, de novo, simplesmente adoro pensar nessas palavras que sobreviveram a toda uma fieira de invasões (celto--itálica, romana, germânica, islâmica...) e seguiram no mesmo local, permitindo que no nosso uso cotidiano a gente possa estabelecer essa clara conexão com um passado de milhares de anos.

Lento, pesado?

Resistente!

A outra é que a palavra que os romanos de fato empregariam fora da Ibéria, e já em tempos clássicos, para se referir a algo como "gordo", mas também "suculento" e mesmo "lento", era *pinguis*. E como não concordar que esse adjetivo tem seu lugar afetivo perto da nossa lista de termos para o *umbigo*?

Além disso, ninguém sabe ao certo (um étimo galês *pen gwyn*, com o sentido de "cabeça branca" é o mais considerado), mas fica uma sombra de dúvida de que o nosso amigo *pinguis* tenha tido ao menos uma influência no processo de estabelecimento do nome do *pinguim*.

158

Antes de a gente dar um pequeno passeio pela parte interna da região, vale falar de outra palavra meio sem graça, *cintura*. Ela é derivada da mesma raiz que nos deu o verbo *cingir* e o substantivo *cinto* ou *cinta*. A *cintura* seria aquilo que se *cinge*, que se envolve. Nada muito colorido nem poético como o uso italiano de *vita* para se referir a essa parte do corpo.

Façamos então uma pequena excursão anatômica na *barriga*, só pra falar de mais alguns diminutivos.

A nossa *bexiga* vem do latim *vesica*, com o mesmo sentido, passando por umas alterações nada absurdas. A sonorização do *c*, a alternância *b/v*, tão a cara da Ibéria (pense em *brabo* e *bravo*, que resistem até hoje, e em formas faladas como *trabisseiro* e *bassoura*, que ainda se encontram pelo Brasil), e mesmo a transformação daquele *s* em *x*, diante de um *i*… nada exatamente inédito.

Mas, agora que você conhece o latim original, pode enxergar sem maiores dificuldades que seu diminutivo, *vesicula*, foi parar em outra parte do corpo. Na verdade, em mais de uma. Temos uma *vesícula biliar*, e é nela que normalmente se pensa quando se usa a palavra, mas temos também vesículas seminais, coriônicas etc., todas descritas, com imensa precisão científica, como *bexiguinhas*.

E isso nem é nada.

Pense que cada uma das inúmeras *glândulas* que você tem no corpo herda seu nome de outro diminutivo latino. E diminutivo de quê? Ora, de *glande*, não no sentido que vamos ver no próximo capítulo, mas no seu significado original, de "fruto do carvalho".

Sinônimo de *glande*? *Bolota*.

Assim, suas importantes e imponentes *glândulas adrenais* têm seu nome desdobrado em bom português como "bolotinhas do ladim do rim".

Outro detalhe, se já ficou claro que a *adrenalina* simplesmente quer dizer "pertindorrinzina", talvez valha a pena emendar que seu outro nome, *epinefrina*, é a mesmíssima coisa dita não em latim, mas em grego, em que "rim" era *nephrós*.

Para encerrar, a palavra *costa*, para as nossas costas, vem do latim *costa*, que significava "um dos lados" de um objeto e que, em uma forma diminutiva, também gerou a nossa *costela*.

Como transição para a próxima parte, e questão linguística interessante, fique sabendo que a tradução do hebraico *tselá* (צֵלָע) por *costela*, no relato bíblico da criação do homem, é bem controversa. Muitos estudiosos lembram que em todos os outros quarenta casos em que a palavra aparece na Bíblia ela é traduzida por seu sentido mais direto, de "lado", "flanco" ou "parte". Eles lembram também que homens e mulheres, afinal, têm o mesmo número de costelas e que a retirada de um osso, dentro de certo literalismo na interpretação das escrituras, teria de ter deixado uma marca anatômica nos homens.

Por isso, vários intérpretes da Bíblia supõem que o osso retirado para a criação da mulher seria o *báculo*, que sustenta a ereção peniana em vários outros mamíferos. Daí o homem não ter esse osso até hoje e acabar precisando de *viagra*, remédio que, mais um fato bônus, tem um nome que significa *tigre* em híndi.

E esse não é nem de longe o único caso em que a tradução de um termo complexo numa língua antiga (sempre uma arte delicada) gerou consequências milenares. É só pensar que o termo *almah* (עַלְמָה), traduzido como *virgem* no contexto da concepção de Jesus, na verdade queria dizer algo como "mulher jovem, madura para casar", sem necessária implicação de "pureza" ou "virgindade".

Estudar minúcias de vocabulário nem sempre é leviandade e diversão.

A história das palavras também pode ser ação, nos permitindo enxergar as filigranas de decisões textuais e discursivas que, muitas vezes, continuam pautando nosso mundo até hoje.

Pudenda

O latim clássico tinha um radical *pud-* do qual derivam várias palavras portuguesas. O sujeito pode ser *pudico* porque tem muitos *pudores*. E esse é o sentido geral desta família de palavras: "recato", "vergonha" e, entre muitas aspas, "decência".

(É sempre curioso passar rapidão por palavras que representam qualidades abstratas: normalmente elas têm histórias curiosas. Aqui, *recato* está ligado à ideia de "re-captar", juntar coisas, no sentido provavelmente de arrepanhar as roupas, ocultar o corpo; *vergonha* quer dizer o estado de estar cheio de medo, reverência, ligado ao verbo *vereor*, e o divertido aqui é que a forma da palavra, a presença daquele som *nh* ali no meio, nos diz que ela deve ter passado pelo francês, pois a forma mais antiga *vergonça*, mais próxima da espanhola, chegou também a ser registrada, mas desapareceu; *decência* é a qualidade de fazer o que se deve, o que cabe, e o radical está ligado lá no passado indo-europeu à origem do verbo *doceo*, que formou o nosso *docente*, "professor".)

A família do radical *pud-* é grande, por mais que algumas de suas descendentes venham caindo em desuso. Além de *pudico*, temos termos como *pudicícia* ou *pudibundo*.

Tem uma que parece fazer parte da família mas engana. Era uma das favoritas lá de casa, já que o meu pai sempre gostou de usar ironicamente as palavras mais sérias e conservadoras que a gente podia ouvir naqueles tempos conservadores de ditadura militar: trata-se de *pundonor*, que eu sempre achei que estivesse ligada a essa galera aí de cima, até porque entre seus sentidos está "pudor", mas que na verdade tem outro trajeto, e mais curioso.

Ela deriva de uma expressão catalã!

Naquela língua, um *punt d'honor* era, como você pode bem imaginar, uma questão de honra. E foi a partir desse sentido que o empréstimo, desde o século xv, evoluiu também em português.

Estou falando disso tudo para explicar que, por uma questão de "pudor" (aliás, já falo sobre as aspas!), devo avisar que este capítulo sobre *pudenda* ("coisas de pudor" em latim) pode até ser algo que você queira pular. A gente vai ter que abordar um monte de "palavrões" (já falo também sobre essa ideia). Se achar melhor, pula aqui e corre lá pra parte dos "Membros", porque agora a coisa vai ficar pesada!

Mas, antes, umas linhas sobre as tais *aspas*. E umas palavras sobre o palavrão.

Se você é desse tipo de gente curiosa, ou andou lidando com textos mais antigos, pode até saber que, além do sentido gráfico com que ela é usada aqui, a palavra *aspa* (normalmente empregada no plural) também pode significar *corno, chifre*. Eu, quando topei com ela usada assim, imediatamente supus que era essa a metonímia em operação aqui. Afinal, as *aspas* do texto parecem chifrinhos.

Mas não. Os dois sentidos, na verdade, derivam de outro, original, de "dobradura", "vinco". Essa é a significação ligada ao radical indo-europeu que gerou a palavra *haspa* no gótico, a língua dos godos, um povo germânico que entrou em contato com Roma pouco antes da queda do Império. Lá, a palavra já era usada, entre outras coisas, para representar *dobradiças* e *fechos*. E foi desse modo que ela entrou no latim, com a mesma forma *haspa*, e de lá passou para o português, com a curiosa perda do *h* inicial.

É claro que o nosso *h* inicial só serve pra marcar a existência de um som "haspirado" na "horigem". Essas duas que eu errei de brincadeira não tinham esse som, então não entram nessa equação. Mas *hora*, em latim, era pronunciada mais ou menos como nós diríamos *rora*, do verbo *rorar*. Ou seja, lá o *h* tinha uma função, representava um som. O nosso é apenas registro desse fato histórico. Só que às vezes, como em *erva* e *aspa*, a gente confunde as coisas no caminho e o *h* se perde mesmo tendo uma fonte.

(Mas pra gente não perder o costume de caminhar sinuosamente: você conhecia o verbo *rorar*?

Recomendo, viu.

Quer dizer cobrir de orvalho, deixar *rórido*.

Aliás, olha a lista de sinônimos de *orvalho* num dicionário e me diz se não é uma coisa linda: *aljôfar*, *sereno*, *rocio* e também *relento*, de onde vem a nossa expressão *ao relento*…)

Agora, os palavrões. Aqui a conversa é de outra natureza. Não há muita história para contar a respeito do termo *palavrão*. É tudo bem transparente. Essa metáfora está presente em outras línguas, como no francês *gros mot* e no italiano *parolaccia*. E até mesmo quando dizemos que um termo é *pesado*. É como se o *palavrão* tivesse um peso real. Dimensões incômodas. Fosse uma "palavrona".

Só que a questão interessante é pensar no que é um palavrão. E no que não é.

Não existem, claro, palavras ruins. Feias. Imorais.

Há de ser tudo questão de gosto, de sonoridade. Os vocábulos nunca serão intrinsecamente nada. A imagem que fazemos deles, como no caso desses sinônimos aí de cima, depende da imagem que temos da coisa que eles significam. Se *orvalho* significasse a mancha de sangue que atesta uma decapitação, a gente pensaria outras coisas daqueles termos.

Merda não soa mais feio que *fezes* nem que *margarida* (grego para *pérola*). E *vulva*, se tanto, é uma palavra até mais feia que *boceta* e nada mais leve que *vínculo* (do latim para *laço*).

O que acontece aqui tem duas etapas, pelo menos.

Na primeira, as culturas estabelecem as linhas que delimitam aquilo que não pode ser dito. Conteúdos que não devem ser mencionados, por vários motivos.

Pense, por exemplo, na proibição de se referir ao nome de Deus no Velho Testamento, que culmina na referência a Ele através de um *tetragrama* (quatro letras) impronunciável. E culmina, inclusive, no fato de o deus de cristãos, judeus e muçulmanos não ter nome e ser chamado apenas de Deus na cristandade e de coisas como *Ha-Shem* ("o nome") na sinagoga e *Allah* ("o adorado") na mesquita.

Essa ideia está muito proximamente ligada à de *tabu*. Que aliás é uma palavra meio universal, mas de origem obscura, talvez polinésia. Conceitos e objetos marcados como *tabus* são tratados como coisas poderosas demais, que por isso não podem ser mencionadas com leviandade por qualquer um, e em qualquer situação.

São palavras "mágicas".

Pense, por exemplo, que o latim *sacer*, origem do nosso adjetivo *sagrado*, não queria dizer exatamente "santo" ou "divino", e sim algo como "separado", "excluído" e até, no contexto jurídico, "condenado". No contexto da *lex sacrata* romana, a famosa sentença *sacer esto* ("serás sagrado") representava a exclusão definitiva do criminoso do reino e das bênçãos dos deuses.

Nessa história fica evidente a ligação de reverência e medo associados a um mesmo objeto poderoso.

E pense também no quanto a gente ainda associa uma espécie de condão mágico, meio que de "presentificação", a certas palavras, termos, frases. Daí o poder dos encantos, daí a força das benzedeiras (do latim *bene dicere*, "dizer bem"), daí o temor das *rezas bravas*, que na cultura popular conferem poderes realmente mágicos a quem as conheça e saiba recitar.

Daí também o tabu que faz com que certas palavras sejam ditas apenas entredentes, em voz baixa, se tanto. Como *câncer*. Como *morte*. Como corda em casa de enforcado.

Nós temos reverência por alguns termos (a depender da nossa cultura, da nossa religião) e medo de outros. Não dizemos o nome de Deus em vão, mas também não pronunciamos o nome do Diabo. Porque, como sabemos todos, "é falar no diabo que aparece o rabo" (e claro que rimando a coisa fica ainda mais forte!), um ditado que também aparece em diversas outras culturas.

Nessas situações é que entra em jogo a segunda etapa do processo, quando o poder da "coisa" se transfere à "palavra". Com isso, uma certa sequência de sons, inocente por si só, se vê contaminada por aquele tabu. A palavra passa a ser "maldita" (do latim *male dicere*, "dizer mal") e tem que ser excluída do uso.

Mas às vezes precisamos nos referir à tal "coisa", e normalmente os usuários da língua acabam substituindo o termo tabuizado por uma nova formação, que nasce limpinha, desconectada desse peso e desse passado.

Porém...

O uso da nova forma acaba, com o tempo, fazendo com que ela também seja maculada pela "negatividade" (ou pelo "poder") do conceito que representa. Não demora, ela se vê igualmente tabuizada. E, surpresa, logo será substituída por um termo novo, que nasce limpinho etc.

É dessa maneira que a gente acaba tendo dezenas e dezenas de nomes para o diabo, todos criados a partir de algum tipo de circunlocução (do latim *circum locutio*, falar em torno, com rodeios). *Satanás* quer dizer "adversário" em hebraico; *Belzebu*, na mesma língua, significava "senhor das moscas"; *Lúcifer* é "o que traz a luz" em latim (e essa ideia, em grego, era traduzida pela palavra *phosphorós*, acredita?); *demônio* era mais singelamente "espírito" no grego *dáimon*; *diabo*, ele mesmo, significa o que desune, o que amedronta, no latim *diabolus*. *Capeta*, pura e simplesmente, é "aquele que usa uma capa".

Imagine se a gente entrar nas formas mais recentes, como *capiroto*, *zarapelho*, *tinhoso*, *pero-botelho* e mesmo o uso do tupi *anhanga*.

E, pra não desmentir o ditado, que apareça logo o

rabo, palavra de origem latina (*rapum*) que dava nome a uma planta e está ligada à origem do nosso *rabanete*, mais uma ocorrência em que a metonímia se deu na ordem inversa da que teríamos imaginado: não foi a cauda que apelidou o vegetal, mas o contrário.

Palavrões são casos especiais de tabu, e também podem gerar essas cadeias de substituições, normalmente por termos mais frios, científicos (*vulva* em vez de *boceta*).

Como esses outros termos, eles também podem provir de "campos semânticos" variados. Um idioma talvez preferirá palavrões sexuais, outro terá uma lista imensa de ofensas com origem religiosa, um terceiro quem sabe vai escolher seus termos pesados em uma lista ligada à higiene ou à falta dela.

Nós, claro, temos de tudo um pouco.

Somos uma gente criativa que recorre a *nossa* como expressão de espanto, para não usar a forma *Nossa Senhora*, mais poderosa, e que é ela própria também um desvio, para não citar diretamente o nome de uma figura religiosa.

Imagine explicar a um gringo que a gente exclama

um possessivo feminino. Ou que *ixe* é uma redução de *virgem*, que por sua vez se refere àquela mesma Maria.

Mas termos de origem religiosa também podem virar ofensa. *Cretino* vem do romanche, língua românica falada na Suíça, mas se origina do mesmo latim *christianus* que nos deu, claro, *cristão*.

De outro lado, quando usamos *porco* como ofensa, estamos primeiramente pensando na ideia de sujeira. Exatamente como no caso de *merda*.

A sexualidade, no entanto, é fonte privilegiada de palavrões no nosso uso. Isso se reflete tanto na frequência de uma expressão como *filho da puta* quanto no emprego frequente de termos como *caralho*.

E aqui aparece um dado um tanto diferente, que separa o verdadeiro palavrão da palavra tabuizada. Como o temor aqui não é ofender ou invocar uma divindade, nem mesmo (na maioria dos casos!) incorrer numa penalidade jurídica, o "poder" do palavrão decreta, ao mesmo tempo que sua hipotética proibição, sua força efetiva.

O "peso" da palavrona é justamente o que lhe dá mais chance de ser usada.

Exclamar *merda* quando uma coisa ruim ou dolorosa acontece é um uso proposital de uma palavra poderosa, que expressa coisas que o vocabulário "comum" não consegue dizer de maneira tão eficiente e tão sucinta. Palavrões são pequenas bombas, balas de festim que ainda podem ofender diretamente nosso interlocutor. Como quando o chamamos de *idiota*, usando uma palavra grega que queria apenas dizer "fechado em si mesmo" e que vem da mesma raiz que nos deu *idioma* e *idiossincrasia*.

Os palavrões podem também ofender de maneira indireta apenas por violarmos uma convenção de determinado grupo ou ambiente. Quando você diz *bosta* no lugar "errado", diante da pessoa "errada", viola regras tácitas de uso e de convívio, sem querer ou de propósito. E a força do emprego da palavra, claro, vem também daí.

E ela pode ser canalizada ainda de outras maneiras, como quando os membros do elenco de uma peça de teatro se desejam *merda* antes de entrar em cena, baseados numa superstição de que dizer *boa sorte* pode dar... azar!

Poooortanto...

Vamos agora abordar uma parte do corpo mais ou menos localizada entre o umbigo e as pernas, que historicamente (sexo, higiene e mesmo convenções religiosas) gerou muitos termos que nós por vezes temos "pudor" de usar em público.

Mas o nosso registro aqui é o da curiosidade, certo?

E aos nossos olhos essas palavras têm o mesmo valor das outras. Ou até mais!

Até por isso, vamos aos poucos.

Quadril.

Palavra fria, ok. Sem maiores pejos.

Mas sua história é curiosa. Porque, pra começo de conversa, a gente não sabe direito qual é. A etimologia é obscura. Algumas pessoas pensam, e é difícil não pensar, pela própria forma da palavra, que deve ter existido alguma ligação com *quadro*, dada a forma dos ossos pélvicos. No entanto, outros estudiosos acreditam que pode estar escondida ali uma derivação da forma *cadeiril*, numa construção como *osso cadeiril*, que faria com que, mais uma vez, o que nos parece ser a forma metonímica (*as cadeiras*) acabe sendo a fonte da nossa palavra mais "neutra".

Virilha é uma palavra curiosíssima.

Deriva do latim *virilia*, um substantivo neutro plural. O latim gostava de usar esses neutros plurais como generalizadores, tipo "as coisas referentes a". É daí que vem aquela *verecundia*, "as coisas de que nos envergonhamos". E por isso podermos dizer até hoje *minhas vergonhas* para falar das nossas "partes íntimas" ou *pudendas*.

Mas *virilia* são "as coisas" de quem?

Ora, de um *vir*, radical latino que deu origem a *barão*, *varão* (lembre da abertura dos *Lusíadas*), mas também, e mais diretamente, a *viril*, *virilidade*. Afinal, *vir* queria simplesmente dizer *homem*. Pessoa do gênero masculino.

Logo, *virilia* eram as "coisas do homem".

É importante lembrar que *homo*, fonte da nossa palavra *homem*, não tinha marca de gênero. Uma mulher era *homo* e também *femina* (*mulier* era o termo mais coloquial). Um homem era *homo* e também *vir*. A palavra *homo* queria dizer mais ou menos algo como a nossa *pessoa*. E nem pense que a existência dessa "linguagem neutra" represente ausência de sexismo na história do latim. Basta lembrar que a "qualidade do homem", no sentido específico de *varão*, era a *virtus*, que originou nossa *virtude*. Entre os romanos, os sentidos de *virtus* tendiam a ficar mais na "força", nas qualidades mais bélicas. Foi em tempos cristãos que se deu esse espraiamento em que *virtude* passou a ter tons mais morais. De uma forma ou de outra, essa história prova que para todos esses séculos de uso havia algo de intrinsecamente bom, "virtuoso", nos humanos masculinos.

Então, *virilia* deveria se referir a pênis, escroto etc. Coisas varonis.

Mas, com a evolução, o termo perdeu essa ligação original, e hoje mulheres e homens, cis ou trans e pessoas intergênero, todos têm *virilha*. Pode não parecer, mas ocorreu uma pequena grande ironia nesse trajeto.

Pequena vingança contra o sexismo histórico?

E, pra engrossar o caldo, saiba que a palavra que, em bom latim, se referia à "virilha", a parte do corpo de homens e mulheres, era *inguina*, que acabou gerando a nossa *íngua*.

Agora, se vamos direto às *vergonhas*, temos antes que decidir: menino ou menina?

(Palavras ambas, aliás, sem um étimo determinado: são quase certamente formas expressivas, surgidas do tatibitate das mães com as crianças.)

Bom, na falta de outra determinação, primeiro as damas.

Já falei da palavra *vulva*. Era escrita igualzinho em latim e tinha o mesmo sentido.

Com dois grãos de sal para relativizar.

Um: a pronúncia seria diferente, já que o latim clássico, como você lembra, não tinha o som que nós hoje representamos com a letra *v*. Júlio César, na intimidade, poderia se referir à *uulua* de Cleópatra (isso é exemplo que se dê...?), alternando valores vocálicos e semivocálicos do *u*: isso ia render um som que talvez a gente consiga representar como *wulwa*.

Dois: o sentido de fato da palavra em latim, em tempos tanto clássicos quanto medievais, não era o que nós hoje, se formos escrupulosos, damos ao termo. Para nós, a vulva é a parte externa dos genitais femininos, em oposição à *vagina* (mais sobre ela a seguir), o canal que a liga ao útero.

Pois em latim o sentido era exatamente o oposto. *Vulva* queria dizer "vagina" e, originalmente, podia até significar "útero".

Aliás, ignorando mais uma vez a minha decisão de não "entrar" no corpo, vale comentar que, apesar de *útero* derivar de um latim *uterus*, que tinha esse mesmo sentido, por sua vez ligado a uma forma grega e, lá atrás, a uma raiz indo-europeia que já queriam dizer, primeiro "barriga", e depois "útero", apesar de tudo isso essa história esconde um interesse. Porque o termo grego em questão era *hústera*, de onde provêm também a nossa palavra *histeria* e o adjetivo *histérica*, que eu ponho no feminino por razões preconceituosas muito antigas, que já vão ficar claras.

O fato é que a formulação da ideia de um tipo de desequilíbrio mental derivado do "furor uterino", do descontrole do desejo nas mulheres, só podia ser, como foi, ideia de homens. E foram homens que criaram esse conceito de *histeria*, violentamente sexualizado (veja que até hoje é bem mais raro o uso do adjetivo *histérico*, no masculino), para carimbar essas mulheres, ou por alguma "inadequação" na manifestação do desejo sexual (delas) ou por qualquer comportamento feminino "indesejado" (para eles).

E as primeiras ocorrências desse termo em relação a problemas comportamentais femininos antecedem, em muito, os usos mais famosos por gente como Freud e o neurologista Jean-Martin Charcot (que na verdade até fez força para apagar essa ligação preconceituosa, apontando a existência de casos de histeria também em homens). Os papiros de Kahun, datados de cerca de 1800 antes da Era Comum, já documentam entre os egípcios a atribuição de uma "responsabilidade" do útero por questões comportamentais das mulheres.

Do nosso ponto de vista, para comprovar o sexismo embutido na história da língua, basta comparar *virtuoso* com *histérica*.

Enquanto ainda estamos na área, deixa eu comentar que os *ovários*, apesar de terem sua formação estampada ali bem na cara (é óbvia a ligação com *ovo*, de que *óvulo* é apenas diminutivo), ainda nos dão o que falar pelo conservadorismo do sufixo *-ário*, que aqui atesta seu uso mais médico do que comum.

Tivesse a palavra evoluído solta no pasto, sem maiores controles, teríamos com certeza uma forma *oveiro*. É o mesmo fenômeno que faz com que tenhamos, por exemplo, um *secretário* (com consoante surda intervocálica e tudo!), em vez do esperável *segredeiro*.

Mas voltando à *vagina*: ela tem também uma história algo presa a estereótipos de gênero, com uma sombra nada desprezível de sexismo e de poder macho.

Afinal, é parente de outra palavra moderna do português, e nesse ponto do nosso passeio acho que você até consegue imaginar que essa forma latina, médica, conservadora, pudesse evoluir de outra maneira na oralidade. Nosso amigo *g* intervocálico cai, assim como cai o *n*, deixando a vogal anterior pré-nasalizada. Certo? E chegamos a *vaĩa*. Resolve-se aquele hiato, nesse caso com o som *nh*, e temos *vainha*. Falta um último toque, e ele vem da conhecida alternância ibérica de *v* e *b*.

Abracadabra: *bainha*.

E era esse o sentido original da palavra em latim, que posteriormente migra para o nosso uso anatômico, descrevendo o lugar onde se guarda a poderosa espada do falo. O estojo onde ele se acomoda.

Falei que a sombra de machismo era densa?

Curiosidade a mais, essa é também a origem de *vagem*, outro tipo de "estojo".

Tortuosa e misteriosa mesmo é a origem da palavra *clitóris*. Não vou nem comentar a "misteriosidade" da coisa em si para os homens ao longo dos milênios e, quiçá, da semana passada. Não preciso nem falar da deliciosa declaração do anatomista Realdo Colombo (e que nome!) de que teria "descoberto" o clitóris.

Se o Colombo mais famoso "descobriu" uma coisa que milhões de pessoas sabiam o que era e onde estava, pois ali viviam, o que dizer de um hominho que "descobre" algo que pouco mais de metade da humanidade (as mulheres tendem a ser mais da metade das populações humanas) conhecia pra lá de bem?

Nosso amigo Realdo, aliás, não chamou sua "descoberta" de *clitóris*. Foi décadas depois da morte dele, em 1610, que surgiu a criação do nome, que entraria para os dicionários do português apenas no simbólico e revolucionário ano de 1789. Ele se referia a sua pretensíssima descoberta como *amor veneris, vel dulcedo*: "o amor ou doçura de Vênus". (Sim, se você está se perguntando, é dessa forma "genitiva" do nome da deusa do amor que vem a expressão *doenças venéreas*.)

Agora, o que estava na cabeça das tais pessoas que cunharam o termo *clitóris* é questão ainda em aberto.

A forma grega é diminutiva, tudo bem, mas diminutiva de quê?

Há quem pense no radical do verbo *kleiein*, com o sentido de "fechar", mas também, e de novo, "embainhar" — candidato tão bom quanto o próprio substantivo *kleis*, com o sentido de "chave", "tranca". Há ainda quem tenha pensado num diminutivo de *kleitys*, "flanco de colina", "encosta", o que daria um sentido de "morrinho".

Mas, como sabem os alunos de letras, esse mesmo radical grego tinha também o sentido de "inclinar" e de "apoiar-se"; isso porque aquilo que a escola chamava tradicionalmente de pronomes átonos a gente tende a chamar de "clíticos": coisas que se apoiam nas outras. E não sei se essa outra sombra de sentido não explica mais coisas, com o clitóris podendo ser concebido como algo que se preme, que se pressiona... um "botãozinho".

Última nota: os próprios gregos, que apesar da pretensão de Colombo insistiam em já conhecer o tal botãozinho, não se referiam a ele por nenhum desses termos, e sim como *nymphé*: a "noiva".

Sem entrar demais em detalhes de anatomia, quer ver uma transição que permita mudar o gênero da discussão?

Pois vamos de *pentelho*. Porque *pentelho* todo mundo tem (menos a bailarina da obra-prima do Chico Buarque com o Edu Lobo).

E a origem dessa palavra é menos óbvia do que podia parecer, já que algo na sua forma (e no seu significado) nos faz logo pensar em "pelo", embora não seja essa a formação real (*pelo*, aliás, vem de *pillus*, como *capillus*, o "pelo da cabeça"). Trata-se de um diminutivo, como acho que fica claro à primeira vista, mas da palavra *pente*, e mais pela forma do objeto do que por sua função.

É mais ou menos como se o sentido fosse "franjinha". Curioso é que do acusativo *pectinem*, do qual derivamos a nossa palavra *pente*, talvez pudéssemos esperar uma forma *peite*. Não necessariamente *pente*. Acontece que às vezes os vários fenômenos que alteram o som de uma palavra agem em ordens diferentes, e com isso chegamos a resultados um tantinho mais distantes do esperado. Basta dizer que a *franja*, que acabei de citar, deriva da mesma palavra latina (*frimbia*) que nos deu também *fímbria*, no sentido de "borda", "beira". É bem verdade que ela passou pelo francês, essa betoneira de palavras latinas, mas o fato é que chegou até nós com uma forma quase irreconhecível.

Outro dado digno de nota é o uso mais "recente" de *pentelho* com o sentido de "pessoa irritante". Ou qualquer coisa irritante. Derivado, talvez, do prurido causado pelos pelos.

Eu — depoimento pessoal — lembro de ver se não o surgimento, ao menos o momento em que esse sentido saiu de um vocabulário talvez familiar, de jargão, meio feio e tabuizado, para um emprego amplo, mesmo na mídia. E ele teve a ver, diretamente, com o seu uso insistente por um jovem Fausto Silva no seu caótico programa *Perdidos na Noite* na metade dos anos 1980.

E uma curiosidade sobre o primo erudito do pentelho: *púbis* vem do latim *pube*, "buço" (outro derivado direto de *boca*) ou "penugem" que surge após a *puberdade*.

Palavras vêm e vão, como os sentidos que terão.

Pode ser que a minha memória traia apenas a consciência do meu tempo de vida e que esse emprego da palavra esteja desaparecendo e tenha tido outros picos de uso. Nós, neste século XXI, podemos, por exemplo, ficar surpresos de saber que em *Casa velha*, de 1886, Machado de Assis escreveu a frase "Félix é um parceirão". Ele, o mesmíssimo Machado que já em 1869 (no conto "Luís Soares") fazia um personagem se despedir do outro dizendo "Valeu!", expressão que depois será vista por toda a sua obra. Quase parecem erros. Anacronismos. Mas o bruxão do Cosme Velho era muito atento à fala, à singularidade do português oral do Rio de Janeiro, e mesmo que não tivéssemos outros documentos (e não há de ser o caso) poderíamos confiar nele.

Palavras vão e vêm, e os seus sentidos vão também.

Lembre, cara leitora (difícil sair do tom do Machado agora), que nos anos 1980 o Brasil vivia os primeiros sopros de alguma liberalidade de usos e costumes. Era o tempo em que uma banda pós-punk podia escolher o nome Camisa de Vênus (hoje quase um arcaísmo) como forma de agredir a moral e os bons costumes.

Quanta distância disso para a nossa familiar "camisinha"... (aliás, "camisa" é uma palavra germânica antiga). E quanta distância entre um desagradável pelo pubiano e um bebê que podemos chamar carinhosamente de *pentelhinho*...

Abaixo do *pente* formado pelos pelos propriamente ditos, a anatomia masculina apresenta um *pênis* (e sua infinita lista de sinônimos com variados graus de tosqueira ou eufemismo; aliás, ainda vamos chegar a essas listas de sinônimos para os órgãos de homens e mulheres, me aguarde).

A palavra deriva do latim *penis,* que, pasme, já tinha exatamente esse significado, entre outros. O "entre outros" é que é divertido, uma vez que o sentido primeiro, mais antigo, era o de "cauda", "rabicho", e no meio do caminho (por metonímia de função, graças ao emprego das cerdas de animais em seu fabrico) a palavra passou também a significar "pincel".

Curioso que, com o nosso uso de *brocha* em referência a um pênis com dificuldade de ereção (ou ao homem acometido por ela), retomamos essa cadeia de sentidos, usando mais uma vez um tipo de "pincel" como referência.

Outra curiosidade é que essa (*penis*) não é a palavra que você vai encontrar na rica, riquíssima literatura erótica latina. Nela, o órgão sexual masculino será chamado com mais frequência de *mentula*.

A palavra tem cara de diminutiva, e alguns estudiosos de fato pensam que ela possa ter essa relação com uma base que seria *mentem* ("mente" mesmo: que ideia!) ou *mentam* (a nossa *menta*, mas o sentido em latim seria o da haste da planta). Em geral, no entanto, considera-se que ela derive de uma raiz ítalo-céltica, ou seja, uma palavra já em uso na península Itálica antes da formação de Roma. No caso, a forma aparentemente diminutiva seria apenas isto, "aparente".

Comentei lá atrás que precisávamos voltar à *glande*, mas acabei esvaziando a surpresa. A extremidade do pênis recebe, sim, esse nome em função de uma putativa semelhança com o fruto do carvalho.

Veja bem.

Carvalho.

Santa piada pronta.

Os *testículos* também ostentam uma clara forma diminutiva (que frase!). E a raiz latina *testis*, com o mesmo sentido, está aí para demonstrar que, em mais uma situação de uso de diminutivos no latim vulgar, nós acabamos herdando de fato essa forma. Caso a palavra, mais uma vez, tivesse evoluído em condições normais, no uso popular corrente, é muito provável que tivesse chegado a algo como *testelho*. Mas aqui, como em outros casos, foi o fato de ela ter sido reservada a situações mais formais, médicas, que acabou garantindo o conservadorismo de sua fonética.

Viu uma proparoxítona? Desconfie que alguém precisou agir para ela se manter.

Há toda uma história normalmente associada a conversas sobre a etimologia de *testículo*. Parte dela é bem embasada, outra parte é inventada. Claro que a parte inventada é a mais interessante. É esse o potencial de sedução de toda fake news. E no mundo da etimologia a gente se treina pra encarar essa peste há muito, muito tempo.

O fato real é que *testis*, raiz original da palavra, tinha também o sentido de "testemunha" e está ligada à origem do nosso verbo *atestar*, por exemplo: "prestar testemunho", "confirmar". E parece que o uso da palavra em referência a essa parte da anatomia masculina, já em latim, veio depois desse sentido mais básico. A razão parece ter sido a tendência de considerar que a presença dos testículos "atestava" a masculinidade da criança nascida. Eles eram as "pequenas provas" de que se tratava de um menino. Seus "documentos", como ainda se pode dizer.

Até aqui estamos na parte segura das relações etimológicas. A parte fake é que a ligação entre os dois sentidos viria de alguma cerimônia (às vezes dada como romana, às vezes como céltica, e mesmo bíblica) em que os homens prestariam juramento segurando os testículos. Até agora, não há nada provado nem quanto à existência dessa cerimônia, nem quanto à sua relação com a palavra. Mas a etimologia sempre foi esse campo em que boas histórias circulam muito melhor do que tediosas e cuidadosas explicações bem embasadas. E até nisso ela tem muito o que nos ensinar em tempos em que esse mecanismo tem se espalhado por tantas outras áreas do conhecimento.

Desconfie sempre.

Especialmente de histórias que parecem boas e bem articuladas demais para ser verdade: em geral elas não são. *Testemunho* não é formado de *testis* mais *manum*: pôr a mão no testículo. *Enfezado* não quer dizer "constipado", "cheio de fezes".

Como assim!?

Uma amiga, quando leu esse parágrafo, me disse, rindo, que seu mundo tinha ficado menos divertido. É esse o poder das fake news, certo? Elas fornecem uma narrativa atraente, às vezes dotada de mais coerência interna que a própria realidade, essa serpente traiçoeira e nada preocupada com verossimilhança.

E esse poder por vezes vai longe.

Afinal, o verdadeiro étimo de *enfezado* é o latim *infensatum*, com o sentido de "hostil, contrário a algo", e ligado também à origem do nosso adjetivo *infenso*, com esse mesmíssimo sentido. Nada encantador como narrativa.

Por outro lado… (Eu não me contenho.)

Veja que essa etimologia justificaria que a gente escrevesse *enfesado* com *s*, como no latim *infensatum*. Aquele *z* apareceu ali exatamente em decorrência dessa hipotética, e falsa, ligação com *fezes*. E acabou ganhando a briga!

Não é só o zezinho do TikTok e o tiozão do churrasco que podem se deixar levar pelo poder de uma "boa" notícia falsa. A história da língua também ostenta cicatrizes desses engodos.

Já *escroto*, tanto o xingamento quanto a bolsa que contém os tais testículos, provém direto do latim *scro-*

tum, com o segundo desses sentidos, passando pela mínima adaptação que é o surgimento daquela primeira vogal, que regulariza a estrutura silábica de acordo com padrões mais portugueses: nós temos dificuldade em começar uma palavra por um *s* seguido de consoante, como sabe todo mundo que já identificou um brasileiro falando inglês pela incapacidade de ele dizer *stand* em vez de (*i*)*stand*.

Um detalhe bacaninha da história da palavra, ainda no latim, é que ela parece ser uma alteração via metátese, aquele deslocamento de um fonema dentro da palavra. Ela deve ter começado sua vida como *scortum* (a gente sabe disso porque assim ela caberia melhor em toda uma família de derivados de *corium* com sentido de "couro"). O curioso é que essa mudança do *r* pode ter acontecido sob influência de outra palavra, numa espécie de regularização equivocada, etimologia popular mesmo.

E a palavra que "interferiu" no processo seria *scrautum*, que se referia a uma aljava de couro onde se guardavam as flechas!

E retornamos à loucura que é a masculinidade frágil e seu arsenal de termos bélicos, que insiste em associar o pênis a uma espada e os testículos a produtores de setas!

Melhor virar a página?

Ou ao menos o corpo. E do lado de trás dele está, ora... o *traseiro*. Não vou nem falar dessa palavra, de tão sem graça que ela é.

Pra compensar, deixa eu abordar outra sobrevivência estranha, mais ou menos com o mesmo sentido (não no corpo) que é a palavra *ré* e que, se você não for marujo, só usa para se referir à marcha do automóvel. A palavra vem do vocabulário náutico, no qual se refere à parte posterior (a *traseira*) das embarcações, em oposição a *vante*, a parte da frente — da qual, aliás, a gente tira *avante*. Mas, além de ser essa palavrinha superespecializada, ela guarda seus mistérios formais, já que deriva do latim *retro*, que a gente entende bem; o que ninguém entende bem é por que a segunda sílaba caiu.

É um processo meio *refri*, quando os falantes simplesmente abreviam a palavra.

Tudo bem que aqui gerou-se uma ligeira contradição, porque o que restou de *retro* foi apenas a parte da frente.

Mas, ok, de volta ao *traseiro*.

Ou ao fato de que a nossa palavra básica, eu diria mesmo legítima, para se referir às *nádegas* é *bunda*. (*Nádega*, como você já deve ter desconfiado ao ver uma proparoxítona usada em registro mais formal, vem diretinho do latim *natica*, mas com as sonorizações esperadas.)

Eu adoro a palavra *bunda*.

E acho megatriste ver de vez em quando uma pessoa adulta se referindo ao seu *bumbum*. Primeiro porque não creio que a palavra precise ser tabuizada, ainda menos por um processo como esse, que simplesmente evita dizer o termo que devia pronunciar, repetindo uma de suas sílabas.

Outra coisa legal de termos a palavra *bunda* é que ela é só nossa. Ao menos em relação aos portugueses. Imagine então no que se refere ao resto da România.

Se você passear pelas outras línguas derivadas do latim, vai encontrar um mar de formas derivadas do latim *culus*, como *cul*, *culo* e mesmo *cur*, sempre em referência ao que chamamos de *bunda*. Também em Portugal a palavra *cu* pode se referir a esse sentido mais amplo de traseiro, sendo que aquilo que chamamos *cu* eles normalmente descrevem como *olho do cu*.

Mas só nós temos *bunda* (palavra... e coisa?) porque só nós recebemos a contribuição vocabular das línguas que chegaram com a multidão de africanos escravizados que o Brasil fez vir.

Nesse caso, a relação é com o quimbundo, ainda

hoje uma das línguas mais faladas em Angola. É o idioma do povo mbundu, parte do grupo linguístico banto, em que prefixos funcionam como classificadores. Assim, aquele *qui* simplesmente quer dizer "língua do povo com o mesmo nome". Ou, simplesmente, "língua". Desse modo, aquilo que nós chamamos de *suaíli* os falantes vão batizar de *kiswahili*.

Logo, trata-se da língua do povo mbundu, que compôs uma fatia muito grande do número total de escravizados trazidos ao Brasil, especialmente entre os que chegaram ao país pelo porto do Rio de Janeiro. Esses homens e mulheres negros, hoje angolanos, eram inclusive chamados de *bundos* durante o período da escravidão.

A língua que eles falavam tinha uma palavra, *mbunda*, com o sentido específico de "traseiro", e foi essa palavra que nós importamos, com uma mínima adequação de pronúncia. É claro também — apesar de parecer que eu estava brincando com isso agora há pouco — que o fenótipo brasileiro (a aparência do organismo, a manifestação visível do genótipo) se viu também alterado pela presença das populações africanas. E, com isso, nossa silhueta se viu algo mais *calipígia*, para usar um antigo termo de origem grega que significa "dotada de bela bunda".

Não é uma piada.

Eu acho marcante que a presença africana no nosso corpo e na nossa língua se torne óbvia através da manutenção dessa palavra e do fato de ela nunca ter tido a mesma frequência de uso entre os portugueses. Lá, ultimamente tem-se preferido usar *rabo* como palavra mais "neutra" (ora, direis...), mas *cu* ainda é empregável com o sentido mais amplo de "nádegas". E caso você tenha esquecido este detalhe, *rabo* e sua variante brasileira mais recente, a *raba*, derivam de um latim *rapum* que significava, veja só, "rabanete".

Cu, aliás.

Também no latim, *culus* era mais vulgar que sua contraparte formal, *anus*, que migrou direto para o português, sem nem mesmo passar pela perda daquele *-us* final. Foi só a gente sapecar o chapeuzinho do circunflexo pra ela ficar sendo de casa.

Ela chegou e, diga-se de passagem, prosperou. A família de derivados dessa mesma raiz, com um sentido geral de "aro", "pequeno círculo", inclui, além do óbvio *anal*, também *anular* (o dedo da mão), sua variante *anelar* e, diretamente, *anel*. Agora vamos lá pensar duas vezes sempre que falarmos de um *anel* de casamento.

Talvez por isso a gente tenha desenvolvido também a refinada metonímia que nos permite chamar o anel de casamento de *aliança*. Assim como os italianos a chamam de *fede*, ou *fé*, em bom português.

Já a família do *cu* (nunca pensei que ia usar essa frase num livro) inclui também derivados com clara ligação semântica, como *cueiro* (não à toa chamado também de pano de bunda) e *culatra*. Ou ainda *culote*, que viveu toda uma odisseia de mudanças de sentido, que incluíram peças de roupa e partes da anatomia, além de ter nitidamente atravessado a França antes de chegar a nós, como aquele diminutivo em *-ote* já atesta.

Um tanto menos óbvia é a ligação de outra palavra que nos chegou pelo francês, e não através de uma palavra, mas de uma expressão. *Battre cul* era bater com a bunda da pessoa no chão, como castigo (!), e essa expressão, por meios bem tortuosos, veio a formar o verbo *basculer*, que importamos como *bascular* e que também fizemos passar por não poucas mudanças de sentido. Uma janela *basculante* tem pouco de bunda ou de cu, mas confirma essa ligação histórica na sua forma.

Derivações também menos claras são as dos verbos *acuar* e *recuar*, que nos dois casos implicam uma espécie de movimento, seja de se ver com a bunda contra a parede (*acuado*), seja de ir pra onde a bunda aponta, a ré (*recuar*).

Agora, vejamos.

Apesar de todo aquele aviso no começo do capítulo, de que a gente ia falar de formas menos elegantes, de palavras pesadas, de "nomes feios", acho que até aqui a coisa se manteve razoavelmente educadinha. Descontado esse interlúdio sobre o *cu*. Vá lá. Mas mesmo aí a necessidade de contemplar também os usos lusos justifica a inclusão do termo, que por lá soa bem menos agressivo.

É claro que eu preciso repetir que palavras, por si sós, não têm poder. Nem violência. É o uso que se faz delas que pode ter, e são as associações que elas evocam que podem levar a isso. Nós, brasileiros, somos, aliás, muitíssimo bons em brincar com os tabus e as proibições, chegando a criar usos menos claramente ofensivos, e por vezes até positivos, de termos que de modo geral seriam considerados "palavrões".

Eu posso elogiar um amigo dizendo que ele é um "puta de um amigo". Posso dizer que uma mulher, veja bem, é "a pica" em certo campo, evidenciando que ela é a mandachuva, a maior autoridade. Posso, como disse lá atrás, desejar sucesso aos meus amigos do teatro gritando *merda* (tradição herdada do francês, é verdade; em inglês se diz *break a leg*, "quebre a perna"; em italiano, *in bocca al lupo*, "na boca do lobo", que deve ser respondido com *creppi il lupo*, "morra o lobo"; e os cantores de ópera por vezes usam *tói tói tói*, que pode ser uma redução do alemão *teufel*, "diabo", ou apenas a imitação do som de três cusparadas).

Mas o que dizer da verdadeira e incompreensível (para os pobres gringos) salada de sentidos bons e maus que fazemos com a palavra *sacanagem* e, mais ainda, com o adjetivo *foda*, comum de dois, sem marca de gênero: ele, ela, elas, eles, nós, vocês, você, eu podemos ser *foda*, e isso pode querer dizer qualquer coisa entre "muito bom", "muito ruim", "difícil", "complexo"...

Aliás, *foder* (e, com ele, *foda*) vem de um latim tardio *futuere* já com esse mesmo sentido. Acho fundamental, no entanto, registrar que a primeira averbação do uso do verbo em português, de 1152, é num texto que inclui a expressão *fudeume*. Quem foi que disse que a Idade Média está distante de nós?

Sacanagem, por sua vez, tem "etimologia controversa", o que como você já entendeu é papo de especialista para dizer que ninguém conhece a origem da palavra. Ou seja, além de ninguém saber definir ao certo seu sentido original, ninguém arrisca um palpite certeiro sobre a sua proveniência. Mas é interessante que os étimos propostos para explicar de onde veio o termo sejam árabes ou quicongos, porque isso atesta a frequência de termos não latinos entre as palavras ligadas a temas tabuizados no português.

Algo assim pode se explicar tanto por um recurso a essas palavras "estrangeiras" como forma de evitar o peso associado aos termos vernáculos quanto pela sistemática imputação preconceituosa de características negativas (mesmo a sexualidade exacerbada seria vista como negativa) a povos não brancos.

Isso pode ficar mais claro se, para dar uma variada, a gente abandonar o nosso modo discursivo e se permitir passear por um elenco dos termos menos polidos e menos aceitáveis que podemos usar para nos referir aos órgãos genitais femininos e masculinos, assim como às nádegas e ao ânus.

Vem comigo.

E, por favor, considere que eu não tenho a menor esperança de fazer uma lista exaustiva.

Babaca vem do quimbundo *mubaki*, ou do quicongo *mubaka* (as duas línguas são muito próximas). Sua derivação de sentido, como ofensa de caráter ou de personalidade, está em linha também com o que aconteceu com *cunt* no inglês e *con* no francês: todos esses termos queriam originalmente dizer *vulva*.

Boceta vem do latim *buxis*, que teria o sentido de "caixinha" e está ligado à palavra *buxo*, árvore que fornecia madeira para esse tipo de artesanato. Com grande frequência, na literatura do século XIX, por exemplo, a palavra era reservada para caixinhas ou estojos em que se guardavam o rapé ou outros produtos de tabaco. E, sim, ninguém fala *boceta*, e eu também, se for usar a palavra num diálogo, num texto de ficção, escreveria *buceta*. Mas por enquanto a forma registrada ainda é essa, com *o*. E, ah, caso você queira saber, *box*, do inglês, vem desse mesmo lugar.

Cona, ainda bastante usado em Portugal, deriva do latim *cunnus* (assim como o espanhol *coño*), que é a base de *cunilíngua*, que, eu acho, nem seja preciso esmiuçar aqui.

Chavasca, termo hoje bem raro, ninguém faz a menor ideia de onde vem.

Pererereca é tupi, e seria a forma de gerúndio do verbo *pere-reg*, que significa "ir aos saltos", e, isto mesmo, é também a base do Pererê.

Pepeca é possivelmente deformação da palavra anterior. Ou seja, no fundo ainda remete ao tupi.

Piririca é tupi.

Racha vem, claro, do verbo *rachar*. Mas mesmo aqui, quando as coisas parecem claras, a gente não sabe de onde vem o verbo *rachar*.

Xereca vem do quicongo *kileka*.

Xota e *xoxota* também têm origem "controversa", mas o candidato mais citado como étimo é o quicongo *kisota*.

Piroca também é tupi (*pi'roka*) e tem o sentido de "careca".

Pica, por sua vez, remete a uma raiz latina vulgar, *piccare* (com o sentido provável de "golpear"), que também está por trás de palavras como *picote*, *piquete*, *espicaçar*, *picareta* e, inclusive, *picanha*.

Pau é pau mesmo (é pedra, é o fim do caminho...) e vem do latim *palus*, que já significava tanto o pedaço de madeira quanto o órgão masculino. E de onde a gente tira esta paulada de termos cognatos como *paliçada*, *palito*, *empalar* e inclusive *propalar* ("divulgar", "promover"), que deriva do costume de afixar certos proclamas e notícias a um poste, um pelourinho.

Estrovenga é outra de origem incerta e duvidosa. Possivelmente ligada a *estrovo* (assim mesmo), nome de uma corda usada para prender o remo às embarcações.

Bilau? Ninguém sabe.

Rola é apenas o feminino de *rolo*.

Vara e *verga* estão diretamente conectados a seus usos mais diretos, que em ambos os casos se referem a pedaços de madeira. A gente até pode ir atrás do latim que tanto lá quanto cá espreita no fundo da história, mas essas palavras se explicam apenas no português.

Caralho, palavra talvez menos utilizada como referência direta ao pênis do que como palavrão, xingamento (aliás, falei que *xingar* vem do quimbundo?), tem origem também truncada. Seu jeito é de diminutivo, e se fosse para imaginar sua origem ela seria algo como *caraculus*. Existe um radical grego *charax* que significava "estaca". Com isso, já se supôs que o latim teria emprestado essa palavra, gerado um diminutivo *characulus*, que então seria a base da nossa palavra. O problema é que a tal da palavra ainda não foi encontrada em nenhum documento latino. Então, ficamos na suposição.

Jeba? Menor ideia...

Peru é, oras, peru (mesmo que você pronuncie e até escreva *piru*). Curiosamente, o país deu nome à ave por erroneamente se acreditar que era dali que os perus saíam para ser exportados para a Europa (mesmo tipo de equívoco que faz com que os falantes de inglês chamem de *turkey* o animal que pensavam vir da Turquia; que os turcos o chamem de *hindi*, por imaginar que vinha da Índia; que os franceses o chamem de *dinde*, por suporem que o animal vinha *d'Inde*, a mesma Índia; que o mundo árabe o chame de *rumi*, que originalmente significava "romano", e por aí vai. Detalhe: a ave é originária da América do Norte).

Fiofó vem quase certamente do quimbundo *fiokoti*, com sentido de "muito sujo".

Fiote é quimbundo, e era usado como o termo depreciativo (*mfioti*) com que eles se referiam aos cabindas, povo que vivia ao norte do território atual de Angola.

Toba parece provir do tupi *tebi*, com o mesmo sentido de ânus.

Buzanfã, comum na minha infância, mas que hoje aparece mais como *buzanfa*, é genial, porque provém do francês *beaux-enfants*, que tinha, e ainda tem, o sentido de "enteados". A chave para a mudança de significado aqui pode ter se perdido no tempo, mas eu, particularmente, acho que a ideia de "coisa volumosa que você traz escondida aí atrás" explica muito do ressentimento de alguém que se casa e depois descobre que está também herdando os pimpolhos.

Bozó é provavelmente quimbundo, *mbonzo*, apesar de a palavra africana ter o estranhíssimo sentido de "tristeza".

Mas, pera. Estranho?

A gente ainda não pode usar *cu* com esse significado?

"Isso aqui está um cu."

"Não faça cara de cu."

Claro que essas formas todas, apesar de "vulgares", populares etc., são antigas e estáveis o suficiente a ponto de estarem dicionarizadas, mas a criatividade imediata dos brasileiros não se detém facilmente. O mesmo povo que nos deu o *bráulio* e a *larissinha* também inventou o *quibe*, a *perseguida* e o *brioco*. Ou a *pomba*, que num ou noutro canto do Brasil pode significar tanto "pênis" quanto "vulva".

E a mesma dinâmica da tabuização-inovação para evitar o peso da forma marcada, seguida então da retabuização da forma nova, nos faz supor que não é só uma criatividade espontânea o que está em jogo, mas um processo contínuo que nos leva a fugir de palavras que vão ficando "sujas" demais para o uso e, ao mesmo tempo, a procurar novas maneiras, quiçá até mais ofensivas, de falar as mesmas coisas, com termos de "choque".

Além disso, algumas dessas novas palavras surgem e surgirão como parte de um "jargão" da língua de determinada comunidade, de mulheres, de homens, da comunidade queer, das prostitutas. Pense que enormidade é o vocabulário do pajubá.

E, nesses contextos, elas terão o mesmo valor de exclusão e marca de pertencimento, determinando quem são as "entendidas" e quem está "por fora".

Porém, desse nosso ponto de vista aqui, preocupado em ver não apenas a curiosidade por trás de cada etimologia, mas também o que ela pode nos mostrar sobre os complicados processos históricos que constituíram a nossa língua, repito que é delatora a presença acachapante de termos indígenas e africanos nessa lista.

Seja como for que se pense nisso, o fato por si só é relevante. Podemos considerar que isso demonstra o peso desse vocabulário mais "nosso" na nossa "intimidade". E talvez não estejamos longe da verdade. Ou de parte dela. Podemos lembrar que, num mundo colonial onde a religiosidade oficial levava a uma ocultação de toda essa temática, o aprendizado da sexualidade pode ter se dado, sim, em ambientes de maior contato com a população não cristã. Isso pode ser lido com as lentes rosadas de uma ideologia que pensa na mestiçagem cultural do brasileiro ou com a ótica mais fosca do estudo das relações de violência e imposição sexual na colônia.

Mas não consigo desconsiderar o papel que aqueles estereótipos de hipersexualização também cumprem nessa bagunça. A história da relação do Brasil com seu passado indígena e africano nunca é simples. As coisas tendem a ter muitos matizes num país de tantas cores, onde muito do que nos é fundamental tresanda a violência e ostenta marcas que são mais cicatrizes que divisas de honra.

Talvez o que nos caiba hoje seja retomar essa história. Dar novos sentidos a ela. Mas tudo isso só pode ser feito a partir do "conhecimento" da história. E do "reconhecimento" dessa presença. Daí a gente ter que passar por toda essa lista.

Não é fácil, mas é importante.

É *foda*.

Membros

Boas-vindas a quem pulou o capítulo anterior. Você não imagina a baixaria que perdeu. A quem vem vindo firme e forte desde o começo, vamos que agora falta pouco.

Eu e a minha maldita boca grande já adiantamos, lá na introdução, tudo que podia haver de interessante nos *braços*. Então agora a coisa fica mais apertada aqui.

Mas não nos falta matéria.

Quer ver?

Mesmo no caso de algo singelo como o *cotovelo*, os novelos se desenrolam de maneiras interessantes.

A raiz da palavra é o latim *cubitus*, de mesmo sentido. Essa palavra deixa outros derivados em português, como *côvado* (a medida de comprimento que a gente vive encontrando na Bíblia e que dá continuidade a uma longa tradição de usar partes do corpo como referências:

polegada, pé…) e também *coto*, que mudou de sentido e passou a significar "parte restante de um membro amputado". Mas a derivação não é difícil de compreender.

Aqui vale uma digressãozinha para falar dessas três formas, contando que *cúbito* ainda está dicionarizado, como medida e como parte do corpo, e até a minha infância era ainda o nome do osso que hoje se chama *ulna*.

Nós já falamos várias vezes da existência daqueles pares de palavras derivadas de uma mesma raiz latina. Pares em que podemos ver com clareza que uma das formas evoluiu lenta e mastigadamente no uso oral de gerações e gerações (aquilo que vamos chamar de derivação "popular") e outra foi tipicamente importada há menos tempo, passando a viver mais em livros e discursos elevados, conservando desse modo muito mais da fonética do latim (a derivação "erudita"). Com isso, as duas palavras do português de hoje parecem irmãs que tiveram trajetórias de vida distintas. Uma mais sofrida, escolada; outra protegida, escolástica.

Porém, em outras situações as famílias de derivados são maiores, e em vez de os irmãos se reduzirem a Livresco e Libertino eles se multiplicam em grupos de três ou mais formas. Por vezes o eixo que articula essas famílias é esse contínuo popular-erudito. Mas em outros casos fatores diferentes também entram em cena, como a passagem de um dos irmãos por um período de intercâmbio no exterior.

É assim que o latim *planus* nos deixa o adjetivo *plano*, com o mesmo sentido, mas também a palavra *chão*, onde aquele *pl* evoluiu como costuma evoluir por via popular. Nesse caso, no entanto, a palavra mudou também de maneira diferente, com rotacismo do encontro *pl* gerando *pr*, o que redundou numa forma *prão*, que depois evoluiu para *porão*.

(Diga-se de passagem, o nome tradicional do fenômeno em que uma vogal é inserida para desfazer um encontro consonantal é *suarabácti*, que além de ser uma palavra sensacional é um dos poucos termos sânscritos [*svarabhakti*] que a nossa tradição gramatical, geralmente duzentos por cento grega, ainda manteve.

Exemplo mais conhecido de suarabácti na formação do vocabulário português? A transformação do latim *blatta* primeiro em *brata* e depois em *barata*.)

Ainda no nível do chão: o espanhol nos emprestou o adjetivo *lhano* com o sentido de "simples", "chão" (adjetivo). E o italiano nos deu *piano*.

Em cada um desses casos, o encontro *pl* evoluiu de maneira bastante regular para os parâmetros dessa ou daquela língua. O curioso é que, com os contatos entre as diversas culturas, o português acaba ostentando hoje todo um grupo de derivados da mesma palavra, com significados diferentes, ainda que relacionados. Afinal, o *chão* é de fato *plano* (desejavelmente), delimita o espaço do *porão* e, em seu sentido meio metafórico (uma pessoa *chã*, plana, simples), se articula facinho com a ideia da *lhaneza* de caráter e também da *lhanura* de um terreno.

O *piano* parece mais difícil de encaixar.

Mas só parece.

Em italiano, o sentido de *piano* se ampliou bastante. A palavra pode querer dizer até coisas como "devagar", "aos poucos" e, especialmente no nosso caso, "baixo", em referência ao volume de um som.

Aí, se você lembrar que nós até já andamos falando do *cravo*, o instrumento musical, a coisa se encaminha. A questão é que o tal do cravo funcionava por meio de um mecanismo em que a tecla acionava uma espécie de mola, disparando uma peça provida de uma "unha", que então pinicava cada corda. Como a intensidade do cutuco era determinada exclusivamente pela força da mola, não fazia diferença se o executante sentava o braço no teclado do cravo ou alisava levemente as teclas. O som resultante era o mesmo.

Alguns fabricantes, em meados do século XVIII, começaram a tentar mexer com mecanismos que permitissem que o executante controlasse o volume do instrumento. Quando conseguiram construir um instrumento em que as cordas eram percutidas por um martelinho macio diretamente ligado à tecla, batendo com mais ou menos força conforme a pressão do dedo do músico, eles disseram que seu novo instrumento era um tipo de cravo capaz de tocar alto e baixo. Ou, no italiano que então dominava a linguagem musical, *forte* e *piano*.

Esses instrumentos chegaram a ser chamados de *fortepianos* e também de *pianofortes*. Mas o termo que acabou pegando foi simplesmente *piano*.

Tadá!

Parece complicado, mas é o mesmo sentido básico do restante da família.

Outras famílias são mais estritamente portuguesas. (Já falei desta em outro livro, mas cabe aqui tão certinho…)

O latim nos deu sua *macula*. E se você sapecar um acento agudo para registrar a pronúncia proparoxítona (claro), já tem registrado o nosso derivado "erudito" da palavra. Saltitando (pererecando) feliz pelas campinas da liberdade linguística, no entanto, a palavra acabou se tornando *macla*. E é dessa forma intermédia que vêm suas demais descendentes.

De um lado, aquele *cl* seguiu seu fado mais comum, gerando *macha*, que ainda sofreu nasalização (possivelmente por influência da consoante inicial) e se transformou em *mancha*.

De outro lado, a evolução do encontro consonantal seguiu outro caminho (uma pequena passagem pela França) e nos legou a palavra *malha*. Pense primeiro numa vaca *malhada*, "manchada". E só depois é que se chega ao sentido de "tecido", "trançado", caracterizado, portanto, por uma aparência mais "manchada".

Ainda mais: o nosso amigo rotacismo também teve seu papel nessa história, gerando a palavra *mangra*, que você pode até não conhecer, mas que descreve uma praga que ataca as gramíneas e as deixa com pequenas *manchas*.

Por fim, se em vez de transformar o encontro *cl* nisso ou naquilo você der a ele o tratamento mais comum do *l* intervocálico em português, acompanhado do que a gente mais fez com o *g* nessa mesma posição, de *macula* você passa a *mágoa*. Uma "mancha" no teu coração. (Ou na tua perna. Na minha infância se dizia que

210

uma pancada que deixava marca tinha deixado "a carne magoada".)

Como vimos, *cúbito*, *côvado* e *coto* são uma bela amostra de uma família de três irmãs. Uma forma erudita, decalcada direto da latina, uma semierudita, ainda proparoxítona mas já ostentando típicas marcas ibéricas, e uma popular, mais truncada.

Mas temos outras.

Logo ali na ponta do braço, aliás, a gente pode encontrar outro famoso exemplo desses grupos de palavras irmãs, pois os nossos dedos se dobram (ou se *articulam*) através de *artelhos*. E essa palavra deriva do latim *articulus* (diminutivo de *artus*, ou "junta"), que, por via erudita, nos deu *artículo* e, por via semierudita, tornou-se *artigoo* e depois *artigo*.

Se um *artículo* é uma parte de um documento legal e um *artigo* é um pequeno texto, você pode enxergar a transição de "ponto de divisão entre partes" para "cada uma dessas partes". E não é difícil enxergar também que os *artigos* da teoria gramatical (definidos e indefinidos) são pecinhas que *articulam* as construções verbais.

Mas estamos colocando o carro na frente dos bois. Ou os dedos diante do cotovelo. Que é onde eles ficam mesmo.

* * *

Enfim. Voltemos.

Eu tinha dito que uma coisa ainda ficava por ser explicada nessa história toda da derivação de *cotovelo*. E é justamente a forma específica da nossa palavra, que ao contrário de *cúbito*, *côvado* e *coto* não parece provir diretamente do latim *cubitus*.

A base mais provável para a nossa palavra é *cubitalis*, talvez com o sentido de "almofada em que se firma o cotovelo". Afinal vale lembrar que os romanos tinham o costume de se recostar numa postura lateral, quase deitados, mesmo para comer. Essa atitude é o que justifica a ligação de *cubitus* com *decúbito*, posição em que se deita, e até mesmo com o verbo *incubar* ("deitar-se sobre" e depois "chocar"). É daí também que vêm os nomes *íncubos* e *súcubos*, figuras que assombravam os pesadelos de donzelas e donzelos e que se distinguiam por se deitar *sobre* (o demônio masculino) ou *sob* (o feminino) a pessoa que dormia.

(E, claro, *deitar-se* aqui tinha sentido para lá de eufêmico: esses personagens serviam para "explicar" desde sonhos eróticos até casos de estupro.)

Chega de cotovelos?

Ao punho, então.

A origem aqui é clara e direta: o latim *pugnus*, já com esse sentido, dentre outros. Além de se referir à articulação entre o braço e a mão, o latim, como nós, podia usar a mesma palavra para falar da mão fechada e, por extensão, de um "soco", um "murro".

É por essa via que a palavra se liga, ainda em latim, aos rumos que viriam a dar, em português, em palavras como *pugnaz* ("pessoa que gosta de briga") e *propugnar* ("lutar por algo", "defender"). *Impugnar* é na origem um primo de *empunhar*, e é curioso ver como os dois sentidos divergiram com o passar do tempo.

Mais ainda: a família inclui *punhais*, que recebem esse nome por serem facas "de briga" ou que se seguram com a mão fechada. As origens são debatidas, mas a conexão com o radical de *pugnus* é clara.

Foi necessária uma passagenzinha pelo inglês para que o português, que já tinha o substantivo *pugilato*, no sentido de "briga de socos", ganhasse também a palavra *pugilista* como sinônimo de *boxeador*. As duas fazem sua estreia na língua no começo do século XIX, com a popularização do boxe como esporte.

Pulso provém de um latim bem igualzinho, *pulsus*, e com o sentido já de "movimento regular". Portanto é outro daqueles casos em que não foi a parte do corpo que deu o nome a algo relacionado a ela, mas o contrário. Foi o *pulsar* do sangue dentro das veias, facilmente sentido na parte interna do *punho*, que deu a essa região do corpo o nome alternativo de *pulso*.

(Sei que as nossas páginas de indecência ficaram para trás, mas não posso deixar de registrar que outro derivado de *punho*, que a gente normalmente não liga à palavra, é *punheta*.)

Munheca é uma palavra de muitas mais reviravoltas. Ela chega ao português a partir do espanhol *muñeca*, que hoje tem como sentido mais comum o mesmo da nossa palavra *boneca*.

Lá no século xv, quando a palavra chega à nossa língua, ela tinha, no entanto, outros significados. Um deles era "feixe de trapos", também um dos usos possíveis da nossa palavra *boneca* — entre pintores de parede, por exemplo. Outro era "articulação", "divisão"; foi a partir daqui que apareceu o sentido de *punho* em *munheca*.

Mais interessante ainda é que a raiz por trás da forma espanhola é *moño* — basicamente com o sentido de "protuberância", "calombo" —, que de alguma maneira unifica os sentidos anteriormente citados do espanhol, já que o nosso *punho* tem tanto um calombo quanto uma articulação.

E essa palavra, esse *moño*, ninguém sabe ao certo de onde vem, embora as maiores probabilidades sejam que se trate de uma raiz ibérica, pré-romana: uma daquelas preciosas palavras que atestam a sobrevivência milenar de povos e de culturas conquistados e, em teoria, assimilados, eliminados.

Uma notinha a mais.

Esses sentidos todos, o trapo mole e o calombo, se organizam talvez ali no *pulso* em torno daquela mesma ideia de "articulação". E, apenas porque eu quero, isso me permite falar do latim *gomphus*, que tinha o sentido de "cavilha", "pino de articulação", e acabou gerando o português *gonzo*, que com o tempo passou a *gonço* e depois, como que reforçado por um prefixo, virou *engonço*. A gente quase não usa a palavra hoje. Preferimos seu sinônimo *dobradiça*.

No entanto... continuamos descrevendo pessoas como *desengonçadas*.

Quando cantamos "Pai Francisco" para as crianças,

temos o ponto de conexão desses dois sentidos, a articulação de peças de madeira e os modos desajeitados: "Quando ele vem todo requebrado, parece um boneco desengonçado". Um "boneco" "desarticulado". As palavras inclusive aparecem bem juntinhas.

Cantigas, parlendas muitas vezes guardam memórias cifradas, vestígios do passado, exatamente como as palavras. A história fica à espreita, por baixo da camada de pó com que a nossa desatenção polvilha o mundo.

Basta soprar.

Voltamos?

Me dê a mão, vamos sair por aí...

Mão é uma palavra de uma estabilidade impressionante. Ela deriva diretamente do latim *manus* com (você já adivinhou) o mesmo sentido. E ela não tem só o nosso significado básico, mas também vários dos nossos sentidos mais denotativos, metafóricos, metonímicos. As outras línguas românicas todas exibem formas que provêm igualmente dessa fonte, como *mano, mà, main, mâna* (em espanhol/italiano, catalão, francês e romeno, respectivamente).

Mais ainda: a própria forma latina vem de uma raiz

indo-europeia que já tinha o mesmíssimo sentido e uma forma bem similar: *man-*.

Isso pode ser embasbacante neste nosso mar de mudança e criação. Ao mesmo tempo, é previsível. Certas partes do vocabulário tendem a ser mais resistentes à mudança que outras. Termos "duros", que se referem a fatos muito básicos e centrais da experiência.

É instrutivo ver, por exemplo, a estabilidade das raízes indo-europeias para *pai* (latim *pater*, grego *patér*, sânscrito *pitar*, persa clássico *pita*, celta antigo *athir*… A palavra está até nas sílabas finais do nome do deus romano *Júpiter*, nada menos que *dyeu peter*: "deus pai"), em oposição ao fluxo permanente de termos que se referem a relações familiares menos centrais. Por outro lado, o latim, por exemplo, ainda no que se refere a relações menos centrais, não só não tinha uma forma antecedente da nossa palavra *sobrinho* como nem contava com um termo que designasse exatamente essa relação! A palavra *nepos* (fonte do nosso *nepotismo*) queria dizer tanto "sobrinho" quanto "neto", ambiguidade que ainda se mantém no italiano *nipote*. Ou seja, relação próxima da "paternidade", mas com dois graus de separação, em vez de um. Tanto o filho do filho quanto o filho do irmão seriam *nepotes* (o plural era esse), seriam "quase filhos".

* * *

Acho que fica claro que *mão* deveria fazer parte desse vocabulário mais duro, certo? Mais que *cotovelo*. Daí a relativa "monotonia" da história da palavra no português.

Mas também não é por isso que a palavra deixa de ter toda uma trajetória pra lááá de interessante no próprio português. É claro que se eu te disser que o verbo *manietar* vem da ideia mesmo de "atar as mãos", e já chegou do espanhol com esse sentido, você vai pensar duas coisas.

Um: ora, essa ligação é bem clara.

Dois: daonde que me veio a lembrança desse verbo?

Pois há uma série muito grande de palavras no nosso vocabulário contemporâneo que ostentam, de maneira às vezes mais, às vezes menos óbvia, essa ligação com o radical *man-*. E várias delas são mais frequentes e mais conhecidas que o meu amigo *manietar*.

Já de saída podemos falar da expressão *mano a mano*, que tem sua origem na imagem do confronto físico, sem armas, *mão na mão*. Ela recorre à forma mais antiga da palavra, antes da famosa queda da consoante nasal intervocálica. Mas não pense que ela é um fóssil assim tão antigo: o aparente conservadorismo da forma se deve a uma influência do espanhol.

* * *

(Vamos a mais um dos nossos longos parênteses?

Existe, óbvio, outra palavra *mano* no português: a que significa "irmão". E você também já há de ter imaginado, no meio desta conversa toda sobre queda de nasais e influências do espanhol, que a palavra *hermano* explica parte dessa transição.

Mas vale voltar ainda mais no tempo.

O termo latino para designar "irmão" era *frater*, de onde temos *fraternidade*, claro, e também *frade* e sua forma vocativa *frei*. Pode parecer estranha e violenta essa evolução, mas em seus passos, que geram uma forma popular, uma semierudita e mantêm uma mais conservadora, ela não é tão diferente do trajeto que, a partir de *pater*, além dos derivados como *paternidade*, nos deu *padre* e também *pai*; ou, na mesmíssima medida, com *mater* gerando a família de palavras que derivam de *maternidade*, e também as formas *madre* e *mãe*.

Nesta última palavra a nasalização é que precisa ser explicada, e provavelmente ela surgiu por "influência" daquele *m* inicial.

Outro dado curioso desse vocabulário familiar latino é que o termo para *irmã* não era apenas uma derivação feminina da palavra *irmão*, como é para nós. Ela tinha forma e história independentes e deixou um legado só um pouco menor em português: do latim *soror* tiramos *sóror* e *sor*, ambas usadas apenas em contexto religioso. Mas recentemente, com o resgate da palavra e da ideia de *sororidade*, nossa sociedade deu uma evoluidinha, e completou-se uma lista de derivados.

Agora, como é que se chega de *frater* a *irmão*?

E a questão é bem esta. Não se chega.

Não diretamente.

É preciso partir de um pouco de história romana; e de uma locução.

Não são tão raros os casos em que um adjetivo, usado para qualificar um substantivo, acaba tomando o lugar dele com o passar do tempo. Existem alguns exemplos clássicos na linguística românica.

Um é a nossa palavra *fígado*, que não vem do termo latino [*iecur*], e sim da locução *iecur ficatum*, que descrevia o costume bárbaro de engordar uma ave com alimentação forçada para depois processar seu fígado hipertrofiado sob a forma de patê. E o que os romanos davam às tais aves, por, segundo eles, conferir o melhor sabor à pastinha de fígado gordo?

Figos.

E *ficatum* queria dizer *figado*, sem acento: cheio de *figos*.

Com o tempo, as pessoas passaram a se referir ao prato não mais como *iecur ficatum*, mas apenas como *ficatum*, e foi daí que surgiram as palavras que as línguas românicas empregam para se referir ao órgão, inclusive o humano.

É mais ou menos o que acontece quando dizemos que tal time vai disputar um *amistoso*. Estamos pensando em um *jogo amistoso*, mas deixamos "jogo" subentendido. Ou quando entramos numa *catedral* que originalmente era uma *igreja catedral*, onde ficava a *cátedra*, a "cadeira" do bispo.

[Pode abrir colchete dentro dos parênteses?

É rápido. Só pra registrar que *sé*, em igreja da Sé, tem a mesma origem de *sede,* que as duas derivam do verbo latino *sedere*, que significava "sentar-se", e que, pra engrossar o caldo, serviu também para criar o infinitivo, em português, do verbo *ser*, enquanto a gente tirou o nosso *estar* de um latim *stare* que significava "ficar de pé"!]

Outro exemplo tradicional eram os queijos que precisavam ser feitos dentro de uma fôrma serem chamados em latim de *casei formaticos* [comecei a frase usando o plural em português e agora tive que dar o plural latino também]. E não é do substantivo para queijo [*caseus*], mas do adjetivo *formaticum*, "de forma", que vêm as palavras *fromage* [francês], *formaggio* [italiano] e *formatge* [catalão].

Escapamos dessa porque o português *queijo* e o espanhol *queso* são mais conservadores, derivados diretamente de *caseus*. Já o romeno *brânză* — eu sei que você está se perguntando — é mais enigmático: pode ser um empréstimo do albanês, mas também pode ser uma palavra de substrato, anterior à chegada dos romanos.

O terceiro exemplo clássico desse fenômeno é justamente a palavra *irmão*. E é aqui que a gente precisa de uma dose de história romana.

A família, na Roma antiga, era uma entidade mais flexível que a nossa e frequentemente moldada e alterada por várias formas de adoção, que faziam com que pessoas que pudessem ser úteis à "casa" passassem a ser consideradas seus membros efetivos. Há casos registrados de casais que adotaram pessoas mais velhas que eles.

Some-se a isso a perene confusão sobre filiação genética, convencional, formas de legitimidade e bastardismo, e dá pra imaginar que havia, digamos assim, *irmãos* e "irmãos". É nesse contexto que surge a locução *frater germanus*, "irmão legítimo", que convivia também com *frater affinis, frater adoptivus* etc. E, por mais que *afim* e *adotivo* sejam palavras que a gente entende sem nem piscar, acredite em mim quando eu te digo que *germano* ainda está no nosso dicionário com o sentido de "genuíno", "legítimo".

A queda daquele *g* inicial para explicar o nosso *irmão* é pouco óbvia e deve ter acontecido em situação de *sândi*, outro fenômeno com nome sânscrito, que ocorre quando as palavras são pronunciadas juntas, como a gente já viu várias vezes aqui, em *umbigos, laranjas* e que tais. É assim que se pode supor que, numa construção como *ogermano*, o *g* tenha ficado em contexto mais frágil, como que intervocálico, o que levou à sua queda.

E pronto: *germanus > germano > ermão > irmão*. Findo o parêntese!)

Então, mãos à obra.

Não há grandes suspenses por trás da revelação de que *manuscrito* é uma coisa escrita à mão, certo? Da mesma maneira, um *amanuense* é alguém que faz trabalhos manuscritos. Ou fazia. Um tantinho menos gritante é a presença do mesmo radical por trás de palavras como *manipulação*, *manutenção*, *manufatura*, *manejo* e mesmo *manobra*. Você pode até nunca ter pensado nessa conexão, mas eu nem preciso sair esmiuçando a formação de cada uma delas pra você vislumbrar esse passado que aponta, em todos os casos, para a ideia de "coisas feitas com as mãos".

Um *manual*, também, é um livro que se tem à mão, além de qualificar um trabalho feito com ela.

As coisas começam a ficar mais tortuosas, ocultas e misteriosas quando a gente pensa que *maneira* também tem essa ligação. O sentido migrou aqui de "trabalho feito com as mãos" para, primeiro, "competência" nesse trabalho. Posteriormente, a palavra passou a significar uma espécie de assinatura pessoal. Não é à toa, por exemplo, que a caligrafia pessoal, em inglês, se chama *hand*. Você reconhece a "mão" da pessoa pela sua letra. É assim também que os músicos frequentemente dizem identificar a "pegada" de um colega. E daí o nosso sentido mais geral de "modo" de se fazer alguma coisa.

Essa mudança de sentido aconteceu também em italiano. Foi assim que a *maniera* de um artista chegou a dar nome a toda uma escola, o *maneirismo*, em que outros tentavam imitar essa assinatura pessoal.

A ideia, ainda derivada dessa, de que a *maneira* implica uma espécie de "controle", de "segurança", levou também ao sentido do nosso verbo *maneirar*. Já o nosso uso de *maneiro*, primeiro em referência a animais, especialmente aves de rapina treinadas para a caça, vem diretamente do fato de que esses bichos, quando mansos, literalmente "comem na mão" do treinador. Como essa é uma qualidade "positiva", a palavra acabou se generalizando como qualificativo elogioso, como em "um evento maneiro". Há quem diga também que algo "leve", de pouco peso, é *maneiro*, usando mais uma extensão desse sentido de "coisa de pegar com a mão".

Outro campo estranho envolve a ideia de *manumissão*. Não se surpreenda que essa palavra nem esteja no teu vocabulário comum. O termo envelheceu mesmo, tendo sido trocado especialmente por um arabismo, a palavra *alforria*. Mas seu pedigree era antigo, e a *manumissio* já tinha esse sentido no latim.

Aqui, *missio* é forma derivada do verbo *mittere*, que quer dizer enviar. E nesse contexto o sentido seria o de "soltar" a mão de alguém. Logo: libertar.

Como nota de rodapé, vale lembrar que a nossa *missa* deriva de um "engano", que a considerava o centro da frase *ite, missa est*. Ou seja, as pessoas entendiam algo como "podem ir, a missa acabou", quando o sentido original era "podem ir, está enviada", pensando na oração de encerramento da celebração, naquela altura a caminho dos céus.

A decisão da Igreja católica de manter por séculos seu culto em latim, língua que os fiéis já não entendiam, havia de ter seus custos…

Mas, se a *manumissão* ficou empoeirada nos livros de história da língua, e de história propriamente dita, o mesmo não se pode dizer da *emancipação*. E, com alguma surpresa, você pode descobrir que ela, também, vem do radical de *mão*.

Mas o caminho aqui é mais cerrado.

A gente sabe que existia um termo jurídico, *manceps*, derivado da ideia de "pegar" (em latim *capere*) com a mão, que se referia à pessoa que estava de posse de algo. É essa, quase certamente, a origem de outro termo em português: a palavra *mancebo*, que de início se referia a um criado, um escravo (que agora *era* de posse de alguém), por extensão passou a significar qualquer homem jovem e depois, também, a ideia de união sexual ilegítima, presente em *mancebia* e *amancebar-se*.

É sempre uma micro (será?) aula de história analisar essas sutis transições de sentido e tentar entender os nossos preconceitos. Mas houve também quem já tenha apostado que a palavra se origina daquela mesma ideia de "comer na mão", aqui representada pela fusão de *manus* e *cibus*, "alimento". Verdade que a gente não usa mais *cibo* nesse sentido, mas ainda podemos empregar o verbo *cevar*, que você a essa altura já pode enxergar que vem da mesma fonte.

Portanto, a ideia é que *sair* desse domínio é ficar *ex-manceps*, "fora" dessa relação de posse. Portanto, *emancipar-se*.

E a família dos derivados distantes de *manus* vai ficando cada vez mais colorida conforme nos afastamos de conexões semânticas perceptíveis, digamos, a olho nu.

Quer ver?

Já no latim houve a formação de um composto em que o radical de "mão" se unia ao verbo *dare* (que nos dá, claro, nosso verbo *dar*) para gerar a miríade de sentidos que ainda ligamos à palavra *mandar* e ao substantivo *mando*. Mais ainda, é desse "ramo" da família que vêm palavras como *mandato* e *comando*.

Já os gramáticos latinos consideravam que *manifestus* tinha o sentido básico de "segurado com a mão", "mostrado" e, portanto, "claro". Mas o fato é que ninguém sabe ao certo a origem daquele -*festus*.

O mesmo latim contava com um verbo *suescere* que significava "ter costume". E foi da ideia de "acostumado à mão" (lembra daquela conversa toda sobre os animais "mansos"?) que vieram o adjetivo *mansueto* e também sua forma mais curta, aquela mesma que acabei de citar: *manso*.

Agora, a coisa fica louca quando a gente lembra que é desse sentido de *manso*, e através de uma evolução fonética que nem está muito clara, que surgiu o nome dos cães *mastifes*, que ao menos na aparência não evocam diretamente essa ideia.

Quer mais uma lista de parentas, óbvias ou obscuras, desse mesmo radical?

Fica com estas aqui e exercita a curiosidade: *amarrotar, corrimão, demão, manada, mancheia, manco, mancomunado, manga* (a parte da roupa), *mangueira, manha* e, inescapavelmente, *manhoso, manivela, manopla, manter, molho*.

Ok, eu não me seguro. Deixa eu falar só de duas delas. Primeiro *manco*, cujo significado original era *maneta*, alguém que perdeu uma mão, e que só depois ganhou o sentido que hoje tem entre nós, provavelmente ainda em referência a animais.

Mas, acima de tudo, *molho*.

Tem várias coisas aqui.

A primeira é que a palavra de que estou falando não é a que significa "caldo quente", que tem ligação com o verbo *molhar*, como você sempre imaginou, e sim a que se refere a um "feixe" e, muito especificamente, a um punhado (arrá!) de chaves. Um *molho de chaves*.

A segunda é a derivação. Partimos do latim *manipulus* com o sentido quase literal de "punhado", uma "mãozinha". Ainda no latim a palavra sofre alterações, passa a *manupulus* e depois a *manuculus*. E é daí que parte a doideira que veio dar no nosso vocábulo.

Manuculus gera *manuclo*.

Manuclo gera *mãoclo*.

Mãoclo gera *mooclo*.

Mooclo gera *moolho*.

Moolho sofre crase (fusão de duas vogais iguais) e gera *molho*.

Essas alterações não precisam ter se dado exatamente nessa ordem. Muito menos uma de cada vez, disciplinadamente. É apenas pra deixar claras as etapas. Uma a uma.

Porque tem estrada aí, hein…

O que sobrevive da forma latina, intocável, é apenas a consoante inicial e o sentido geral. O resto...

Mas tem uma terceira coisa que eu quero comentar aqui. Se você for consultar um bom dicionário, um que registre a *ortoépia* (a pronúncia correta) das palavras, vai ver que o macarrão se come com "*môlho*" e as chaves se reúnem num "*mólho*".

Quase ninguém que eu conheço (e que use as duas palavras) faz essa distinção. Nós acabamos fundindo as duas palavras numa mesma pronúncia "*môlho*".

Eu lembro de ver um professor apresentando toda aquela cadeia de alterações sonoras, detalhadamente, no quadro-negro, para finalmente concluir, triunfante, que o resultado daquela crase de dois *o* é sempre um *ó*, aberto, e que era assim que se provava o "erro" da pronúncia *môlho de chaves*.

Eu levantei a *mão*.

E perguntei se não era estranho a gente aceitar todos aqueles metaplasmos (alterações fonéticas nas palavras) violentos, que maceram, mastigam e marretam o *manipulus* latino até ele virar *molho*, para no fim recusar um último, uma mera alteração de timbre vocálico. Por que tudo aquilo, que era passado, era visto como mudança legítima, nobre, mas a última etapa da cadeia era um erro, um deslize, um desvio?

Guardei essa história por mais de trinta anos.

Pra vir aqui mostrar pra você.

Porque se trata de um belíssimo exemplo de como as pessoas às vezes lidam com a variação e a mudança linguística com dois pesos e duas medidas. Herdando um patrimônio que é, ele próprio, constituído de todo tipo de caos, mas tratando essa herança como se, no momento em que elas chegaram à idade escolar, tudo tivesse passado a ser rígido, perfeito e inalterável.

Tudo isso na mão.

Tudo isso na palma da mão.

Infelizmente *palma* não é a palavra mais interessante. O latim ostentava a mesmíssima forma e o mesmo sentido, inclusive na sinonímia com a folha da, pasme, *palmeira*. O curioso, no entanto, é que a raiz indo-europeia aqui, reconstruída como *pleh*, com o sentido de "coisa plana", é a mesma por trás da própria palavra *plano* e, com isso, de toda aquela família derivada de *planus* no português.

Assim, se você põe a *palma* da mão sobre um *piano* que está riscando o *chão* do *porão*, está usando uma série de palavras que derivam da mesma fonte, uma palavra usada por aqueles esquivos pastores pré-históricos, lá nas proverbiais estepes da Ucrânia. A bem da verdade, se no teu porão tiver também um vaso de *planta*, a família vai reconhecer um membro a mais.

Os *dedos* são interessantes também.

Primeiro porque, derivando como derivam do latim *digitus*, eles já deixam clara sua conexão com outra fieira de palavras. *Digitar, digital* etc.

Vamos por partes.

Tantas páginas depois do começo desta nossa conversa, eu mal sinto a necessidade de explicar esses mecanismos básicos. Mas pode ser uma ocasião pra gente rever algumas coisas.

A primeira é a formação sonora da palavra, com o *g* intervocálico caindo e a sonorização daquele *t*, sem esquecer a alteração da vogal média, o que nos leva de *degeto* a *deeto* e depois a *dedo*. A segunda informação já batida pra você é a da convivência, no português atual, de uma forma erudita (*dígito*) com uma popular (*dedo*): mesmo o padrão proparoxítono daquela forma alatinada você conhece muito bem.

E sabe, igualmente, que um mergulho no passado indo-europeu pode apontar correlações ainda mais curiosas. A gente acabou de ver isso de novo no caso de *palma*.

A raiz aqui seria *deyk*, e é ela que está por trás do nosso verbo *indicar* e do dedo *indicador*. É outro caso daqueles em que o sentido que parece derivado é o primário, já que o significado mais básico da palavra indo-europeia era "apontar", "fazer notar". Num sentido bem contemporâneo, "dar de dedo".

Outro derivado dessa raiz, muito caro aos linguistas, é o termo *dêitico*, de origem grega, ligado ao processo da *dêixis*, que nada mais é que a *indicação*. E que no sentido, digamos, "profissional" se refere a todas as palavras que apontam não para uma coisa do mundo, mas para sentidos que dependem de cada situação de fala. Palavras como "eu", "aqui", "agora", que de fato querem dizer coisas diferentes cada vez que são empregadas por pessoas diferentes, em momentos e locais diferentes.

A bem da verdade, o próprio verbo *dicere*, origem latina do nosso *dizer*, deriva dessa mesma raiz, que curiosamente acabou também "apontando" para os nossos *dedos*.

O hábito universal de fazer contas nos dedos da mão explica também a transição de "dedo" para "número", ou seja, *dígito*. Isso faz com que o curioso par de irmãs *digitar* e *digital* tenha uma origem comum, claro, mas caminhos diferentes, já que a primeira palavra deriva mesmo do sentido de "dedo" (escrever com os dedos), enquanto a outra vem do sentido de "número" (os franceses, por exemplo, ainda usam *numérique* para se referir a todo esse mundo tecnológico), em referência à natureza numérica dos bits que compõem a informação utilizada pelos sistemas informáticos.

Outro par improvável é formado pela planta *digitális*, que recebe esse nome pela similaridade de suas flores com seu outro irmão, o *dedal*. Mais uma vez uma forma erudita e uma popular.

A história da ligação entre dedos e números sempre me faz lembrar os nossos sentidos da palavra *cálculo*, na matemática e na medicina. Porque o sentido básico da palavra (um nítido latinismo proparoxítono cheio de consoantes surdas) é "pedrinha", derivado do latim clássico *calx*, por trás também das nossas palavras *cal*, *caliça*, *calcário* etc. Como as crianças muitas vezes aprendiam matemática manipulando pedrinhas, costume que alguns também reportam entre pastores, que contavam cada ovelha que passava com pequenas pedras que iam guardando num saco, houve essa transição. E o *cálculo*, no sentido estrito, essa pedra no sapato de todo aluno de matemática avançada, ganhou esse estranho nome mineral.

As *unhas* têm também origem num diminutivo latino — *ungula*, como fica ainda mais claro no francês *ongle* e no italiano *unghia*.

A palavra clássica *unguis* significava tanto "unha" quanto "garra" e "casco". E é nessas acepções que ela se liga ao grego *ónukhos* (roer unha ainda se chama *onicofagia*), fonte também do nome da pedra *ônix*, que é preta como as garras de certos animais.

Na base da unha você tem aquela pelezinha que recebe o nome chique de *cutícula*.

Como você pode até saber, *cútis* (de origem latina) é um sinônimo meio metido a besta de *epiderme* (de origem grega). A *pele*, ora!

Logo, o nome da pelezinha da base da unha é "pelezinha": *cutícula*.

Assim como é "luazinha" (*lúnula*) o nome daquela luazinha mais clara que também fica ali na mesma região da unha.

Ê, criatividade...

Vamos supor que a gente encoste agora a mão na perna, porque é pra lá que ainda falta ir, por mais que o nosso passeio, a esta altura, já esteja se encaminhando para o fim e que as informações de fundo, as mais importantes, você já tenha.

Com isso, conte com um passeio mais célere.

Perna, aliás, é um bom cicerone para esse passeio veloz, já que é uma daquelas palavras que derivam de um latim igualzinho e já com o mesmo sentido. Talvez valha anotar que a raiz indo-europeia por trás disso, *tpersneh*, na verdade se referia ao calcanhar e sofreu uma curiosa extensão de sentido ainda na formação do latim.

A mesma coisa vale para *coxa*, ao menos superficialmente, já que a palavra latina que tinha essa forma exata se referia inicialmente ao osso do quadril, e só depois passou a significar a parte da perna que fica entre o joelho e a virilha. Nessa extensão de sentido, acabou gerando também o verbo *coxear*, com o significado de "mancar".

O sentido de "coxa" no latim era coberto pela palavra *crus*, especialmente na forma plural *crura*. É daí que vem o nosso *coito intercrural*, "entre as coxas", origem quase certa da expressão "fazer nas coxas", que pode também estar ligada ao sentido de "fazer às pressas", de alguém, por exemplo, escrevendo uma carta "em cima da perna", e não tem nada, nadinha a ver com pretensas telhas feitas por escravizados no Brasil Colônia.

Já o *joelho*... Ah, o *joelho*...

Eu tinha prometido falar dele desde a nossa introdução, lembra?

De saída tem a questão da forma. E aqui a gente retorna a algumas velhas conhecidas, como a afirmação de que o vocábulo latino por trás da nossa palavra não é a forma clássica *genus*, e sim a diminutiva *genuculus*. Igualmente manjada é a série de chacinas sonoras que vai acabar desossando aquele *genuculus* primeiro em *geolho*, registrada com as vogais nessa ordem lá no século XIII, e uns cem anos mais tarde na curiosa alteração que nos deu o vocalismo atual da palavra, com a mudança ortográfica (aquela passagem de *g* para *j*) sendo mero detalhe.

Outra constatação nada surpreendente é que as formas românicas também vão atestar essas mudanças sonoras, como a gente vê no italiano *ginocchio*, no francês *genoux*, no catalão *genoll* e no sardo *ghenucru*. Dessa vez, até o romeno se comportou bem e chegou à forma *genunchi*.

Mas, como em toda boa reunião de família, sempre

há de haver alguém que destoe. E dessa vez foi o espanhol, que preferiu o termo *rodilla*, que significa "rodinha", exatamente o mesmo nome que durante anos nós demos ao osso redondinho que fica saliente por ali, mas em latim: *rótula*.

A bem da verdade, o espanhol, nesse caso, destoa até do namorado de uma das filhas da família, já que mesmo o inglês *knee* remonta ao radical indo-europeu *gonus,* que no fundo está também por trás da forma latina. Por vezes a dissimilaridade de aparência é tão grande que nós temos dificuldade de encontrar a similaridade histórica.

Joelho, *knee*. Na verdade, uma questão de "opiniães".

Agora vem comigo enquanto eu resolvo uma dúvida que sempre te incomodou. Como é que se chama o sovaco do joelho?

A resposta, minha amiga, meu amigo, é *jarrete*.

E essa palavra, que nos veio depois de uma passagem pelo francês, tem ligação com outra, que a gente deixou meio sem comentar ali atrás, por motivos de descarado antropocentrismo: *garra*.

Não se sabe ao certo a origem da *garra*. É seguro que a fonte seja um vocábulo pré-romano, quase certamente celta. Mas há quem suspeite que tenha existido também a influência de um árabe *gáraf*, com sentido de "empunhar". E teria sido essa mesma *garra* céltica que, na fonologia francesa, se modificou no diminutivo *jarret*. A mudança semântica é mais selvagem. Mas, ora, a gente acabou de ver calcanhar virando perna! Agora foi uma "perna" (o sentido original da palavra celta) que se transformou em "unha" e depois em "sovaco do joelho".

Nós já passamos por inúmeras situações em que essas incertezas surgem, com candidatos diferentes a "pai da criança". Pois pode muito bem ser hora de lembrar que não é nada impossível, e muitas vezes é frequente, que a origem de uma palavra seja resultado de um cruzamento de várias fontes, em que uma "origem" reforça a outra, gerando curiosos híbridos multiculturais.

Mais um domínio em que a história da formação dos idiomas pode nos dar aula: não só no que demonstra de hibridização, mas no quanto nos ensina a aceitar respostas imperfeitas e menos encaixadinhas do que poderíamos desejar. As palavras entram no idioma sem pedir licença, e é sem pedir licença que os falantes começam a empregar um termo novo e o transformam em parte integrante do idioma, e essa realidade é determinada apenas por um contínuo empurra-empurra entre forças, espaços e vontades diferentes.

Tente conter isso na base da imposição, e você vai se ver com a mesma aura de maluco que acabou cercando todos os famosos "caçadores de estrangeirismos" ao longo da história.

Já a *canela* tem origem mais clara, mesmo que dotada de alguns mistérios. Ela vem do latim *cana*, com sentido de "junco", "tubo", e deriva de uma forma diminutiva. Uma *canela* é um *tubinho*.

Você também vai tomar zero susto se eu revelar que a *canela*, especiaria maravilhosa, deve seu nome ao mesmo processo. O que não está claro para os etimólogos é o caminho que a palavra fez para chegar às línguas românicas e quão diferentes seriam, no português, os caminhos de uma e outra acepção.

Muito depende, para a planta, do caminho que fez a importação da especiaria até a Europa. Se ela chegou pela Itália ou pela França, por exemplo.

Mas na real essa questão é menos relevante para nós aqui.

A outra é um tantinho mais curiosa. Porque há bons indícios de que, embora hoje as duas palavras tenham a mesma forma, e sentidos claramente conectados, elas sejam resultado de processos iguais, mas em línguas diferentes.

Como assim?

Parece que *canela*, o termo anatômico, médico, que acaba dando nome à parte da nossa perna, pode ter se formado já em latim como variação do mais "correto" *canula* (fonte da nossa forma erudita *cânula*). Já a *canella* que designa a especiaria teria se formado mais recentemente em ambiente românico.

Nonadas? Nugas? Bagatelas?

Pode ser. No final das contas, os resultados são os mesmos, não é?

Mas é bom lembrar que essas investigações, com imensa frequência, estão aí justamente para tentar entender se "o mesmo" é o mesmo. Se existe diferença, acréscimo de informação quando a gente compreende os meandros e as minúcias envolvidas na entrada de uma palavra na nossa língua.

E no caso da *canela* sobressai, além de tudo, a relevância do estudo da entrada da especiaria, e tudo que ela pode revelar da economia, da cultura e da história de um período-chave da formação da Europa. Mais ou menos como naquele caso do "chá".

Outro exemplo maravilhoso desses caminhos sinuosos e dessas origens misturadas é a *panturrilha*.

A primeira coisa que você tem que saber sobre ela é que seu sentido original no português não era "barriga da perna". A palavra se referia a um enchimento que os homens elegantes do século xv colocavam dentro das meias para ganharem uma aparência mais rechonchuda justamente na *canela*.

Não é de hoje que os "procedimentos estéticos" atraem.

Mais uma vez, foi desse sentido, que parece "secundário", que a palavra migrou para o sentido que nós lhe damos hoje, como uma parte da anatomia.

Você já deve ter imaginado que, formalmente, se trata de um diminutivo. Mas a questão é que a gente não encontra facilmente a *panturra* que estaria por trás dessa forma. O que se consegue retraçar, na verdade, é uma mestiçagem vocabular bem divertida.

Primeiro de tudo, a palavra não se formou no português. Chegou "aqui" como empréstimo do espanhol *pantorrilla*. Segundo, a raiz fundamental da formação foi o mesmo latim *pantex* (*panticem* no acusativo) que gerou a nossa palavra... (suspense)... *pança*! Estamos, afinal, falando da "barriga da perna", não é mesmo? Então, não fomos os primeiros a usar essa comparação.

Isso já explica muita coisa.

Mas ainda deixa de fora aquela parte -*urr*- no meio da palavra. Ela não provém nem do radical latino nem do diminutivo espanhol.

Aí é que entra o tal cruzamento, em que duas palavras se influenciam e meio que se misturam para gerar uma nova. E o segundo elemento nessa equação é um instrumento musical.

A *bandurria* espanhola moderna é um parente do nosso bandolim, tem seis pares de cordas e se toca com uma palheta. A palavra deriva do latim *pandorium*, origem também do seu nome português, *bandurra*, e até do nosso *pandeiro*. Lá no horizonte da história, tudo isso parte de um instrumento grego chamado *pandura*.

Todos esses instrumentos (menos o pandeiro!) são da mesma família do alaúde, com caixa acústica em formato de pera. E foi esse contorno arredondado e "barrigudinho" que fez com que eles entrassem na receita. Some-se a *pança* à *bandurra*, pendure-se um sufixo diminutivo e, pronto, temos uma *panturrilha*.

Um dado curioso a mais é que eu disse agora há pouco que a gente não encontra com facilidade a *panturra*. Mas ela está dicionarizada, com o sentido de "barrigona"; assim como está dicionarizado seu derivado mais conhecido, o verbo *empanturrar*. Essas duas palavras, no entanto, são posteriores à entrada de *panturrilha* na língua, o que faz supor que sejam formações regressivas, como que reinterpretações do nosso híbrido, que partiram da ideia de que aquele *urra* seria um sufixo com vago valor aumentativo.

E a história fica cada vez mais divertida...

Eu tenho que passar para o tornozelo, mas antes deixa eu te falar dos *maléolos*, que são as duas pelotinhas que sobressaem de cada lado da articulação perna-pé. Mais uma vez, é um diminutivo, e você já está vendo que é um eruditismo.

A palavra de base aqui é o latim *malleus*, origem do nosso *malho*, que significa literalmente "martelo". Então, acredite ou não, você tem um *martelinho* de cada lado do tornozelo. Como informação bônus, saiba que um metal era descrito como *maleável* quando se podia alterar sua forma com golpes de martelo. Assim como o *vulnus* latino ("ferimento") explica a formação do nosso adjetivo *vulnerável*.

Às vezes uns fumos de latim deixam a língua mais divertida. É como perceber que *fácil* está ligado ao verbo *fazer* (*facere* em latim). *Fácil* é basicamente o irmão esquisito de *fazível*, que também não é lá muito "normal", na verdade. Assim como um *míssil* é algo que pode ser "enviado" (do latim *mittere*, o mesmo que explica a nossa *missa*). E um *fóssil* é algo que pode ser "escavado", por derivar do latim *fodere*, que, não, não tem nada a ver com o que você está pensando.

O *tornozelo* é de origem menos clara. Não se sabe como a palavra chegou à forma que tem (com cara de diminutiva, ninguém pode negar), mas é inquestionável que ela está ligada ao mesmo radical que nos deu *torno* e *tornear*.

E *contorno*.

E *retorno*.

E *transtorno*... tudo a partir de uma palavra latina que significava "dar a volta".

Mas sim, o *calcanhar*. Ele também tem seus segredos.

O latim tinha *calceus*, que significava "sapato" e que é a fonte das nossas palavras *calço*, *calçado*, *calçar* e *calcar*. Pra encaroçar o angu, ele é também a origem das nossas *calças*, batizadas desse modo aparentemente por serem vestidas pelos pés.

O latim tardio usava ainda *calcaneus* (e a gente

também tem um osso *calcâneo*), que deriva daquele *calx*, "pedra", que vimos agora há pouco.

Estranhas essas metáforas, né? Uma pedra embaixo de dois martelinhos.

Como exatamente se deu a passagem para a forma atual da palavra é ainda uma questão debatida. Pra piorar pro nosso lado, o resto da família ostenta regulares derivados do latim *talus*, que já tinha esse sentido, como o espanhol *talón*, o francês *talon*, o catalão *taló* e o italiano *tallone*. Até o romeno, nessa disputa pelo prêmio *avis rara*, tem um *călcâi*, que, apesar de diferir das formas das outras línguas, pelo menos é um derivado foneticamente regular de *calcaneus*.

A gente está prestes a aterrissar.

Chegando no chão.

E eu já estou com saudade.

Você já viu que os portugueses dizem *aterrar*, né? E faz mais sentido. Nós é que ficamos com esse galicismo, *aterrissar*. Aliás, foram os franceses também que nos deram *decolar*, que tem essa típica queda do *s* que o separa da legítima forma portuguesa *descolar*.

Mas eu estou só me desviando antes de chegar ao pé.

Ora, é pôr o pé no chão para terminar de vez a nossa viagenzinha?

Ou é hora de mais um desvio?

Sabia que *joanete* tem mesmo a ver com o nome João? A origem da palavra seria a ideia preconceituosa de que essa "deformação" era coisa de gente sem posses, camponeses simples: Joões.

Engraçado pensar que hoje ela ocorre mais entre usuários de saltos altos…

Ok.

Vamos lá.

Pé ante pé.

Porque o *pé*, propriamente dito, não tem segredos, vindo como vem de um latim *pedem*, que já apresentava o mesmíssimo sentido.

Como no caso da *mão*, é interessante contudo ver a família ampliada da palavra. E ela é grande. Tem gente a dar com o pé, digamos.

Um *pedúnculo* é um diminutivo clássico, um *pedestre* é quem vai a pé, assim como um *peão*, que originalmente tinha esse mesmo sentido (ainda tem em Portugal); *impedir* era segurar alguém pelos pés, o que configurava um *empecilho*; *tripudiar* era dançar batendo os pés; *apear* era colocar-se a pé; um *pedal* é algo que se aciona com os pés; *espezinhar* é pisar repetidamente, *pisotear*; uma *expedição* é uma saída a pé (literalmente era "liberar o pé", que antes estava "impedido"); o *pedágio* era a taxa que se cobrava de quem passava andando por certos lugares; a *peia*, corda que se usava para atar os pés dos animais, era *pedea* em latim e gerou a nossa expressão *sem peias*; as *peúgas*, que em Portugal são as nossas *meias*, também se ligam a essa raiz; o *sopé* de um morro é o "sub pé", a parte abaixo da base.

Isso para nem mencionar coisas óbvias como *tripés*, *pedicures* e *bípedes*, e ainda sem entrar em coisas mais abstrusas como *pedipalpo*, ou antiquadas, como *supedâneo* (que é um *escabelo*, um banquinho de colocar "sob os pés").

E o que dizer da miríade de locuções?

Vamos ficar só com uma, *pé-rapado*, que deriva do fato de que igrejas, por exemplo, tinham ao lado da porta uma barra de ferro em que as pessoas mais humildes, que chegavam a pé (e não a cavalo), podiam limpar ("rapar") a lama da sola das botas. Mais uma vez, todo tipo de história, e de preconceito, numa inocente locução.

Não é de estranhar, afinal, que tanta linguagem derive de partes do nosso corpo. Cabeça, mão e pé deviam mesmo ser, desde sempre, algumas das fontes mais ricas de derivados, de sentidos alastrados e correlacionados.

E essa pode ser uma bela chave, ponte, transição, pra gente encerrar a nossa conversa.

É bem verdade que estamos em tempos em que a frase "o homem é a medida de todas as coisas" soa menos inspiradora do que lá na primeira modernidade. Pra começo de conversa, a ideia de que a *humanidade* possa caber no masculino *homem*, por mais que tenha todo um lastro gramatical, não nos cai tão bem nos dias de hoje. Indo mais longe ainda, em meio à constatação de que, com ou sem esse nome, o problema do *Antropoceno* está aí, precisamos pensar que esses séculos todos em que colocamos "o homem" como centro de todas as coisas foram exatamente os mesmos em que detonamos o planeta, as sociedades e as relações interpessoais.

Curioso, já que estamos nisso, é que não era só o latim que contava com termos específicos para "homem" e "mulher" (*vir* e *femina*) e outra palavra com o sentido mais geral de "ser humano adulto" (*homo*) — daí *Homo sapiens* ser o nome científico de toda a espécie. O grego clássico também tinha *anér* e *gyné* para "homem" e "mulher" e o termo mais geral *anthropos*.

A formação das línguas românicas viu o termo *homo*, em geral a partir de sua forma acusativa *hominem*, mudar de sentido e passar a referenciar o macho da espécie. A grande exceção (surpresa!) é o romeno, em que *om* ainda mantém o mesmo sentido generalizante do latim. Lá, se você quiser se referir especificamente a um "homem", precisa usar a palavra *bărbat*, que deriva, como você pode ter suspeitado, do adjetivo *barbatus*, "barbado".

Mas não deixa de ser curioso que, a despeito das grandes revisões históricas e intensas reavaliações das questões e políticas de gênero da atualidade, na hora de formar o nome do suposto novo período geológico a gente tenha recorrido ao termo amplo do grego. Ninguém fala em um *Androceno* quando quer caracterizar a nossa era. O Antropoceno é a era do *anthropos*, do "ser humano".

Nessa hora vale correr pro genérico, né, apesar de parecer muito seguro que o dano, até aqui, tenha sido causado bem mais pelos "homens", entre todas as "pessoas"?

Eu dizia que mesmo que "o homem é a medida de todas as coisas" não soe mais assim tão bem, não é de estranhar que a gente tenha desenvolvido tantas metáforas a partir do nosso corpo, e que uma parcela bem significativa delas derive justamente dos nossos membros e da nossa cabeça.

O que, no entanto, continua digno de nota, mesmo para mim, mesmo depois de eu ter passado por toda essa fieira de histórias e de fatos ocultos e óbvios, é o tamanho do acervo de mundos, de fundos e vozes, de vezos e veios profundos que a gente consegue desencavar desse elenco de palavras.

O quanto o nosso corpo é chave para abrirmos um baú de descobertas, de espantos e de pasmos. O quanto os anos, séculos e milênios que formaram essa listinha de palavras ainda estão transparentes por trás de cada uma delas, à espera de quem saiba enxergar.

Nós aqui, eu e você, passeamos apenas pelo corpo de uma pessoa. Deixamos muita coisa de lado, não falamos de tudo e abordamos muito que nem parecia diretamente ligado ao nosso tema, falamos de muita coisa diferente. Mas de alguma maneira saímos do nosso umbigo e olhamos em volta, para todo um passado e uma comunidade gigantesca de usuários-criadores. Pessoas, como nós, imersas num idioma que também ajudavam a alterar, a ampliar e refinar. Portadores, usuários de corpos iguais ao nosso ou diferentes; pessoas iguais a nós exatamente por serem diferentes cada uma da outra.

Terêncio, escritor lá da Roma antiga, que na verdade era de origem africana, foi quem famosamente declarou, em bom latim sintético, que diz muito em poucas palavras: *Homo sum, humani nihil a me alienum puto*. "Sou uma pessoa, e nada que seja humano eu considero alheio a mim."

Somos.

E não teríamos mesmo como considerar, Terêncio.

Obrigado.

De saída

Mais uminha?

Deixa eu ser sincero outra vez. Como uma banda que não toca a música preferida da plateia, esperando o pedido de "mais um", reservei um detalhe pra este fim. Especialmente porque, escrevendo aqui sozinho, sem palco nem plateia, sou eu que defino se devo ou não reaparecer para o *bis* (palavra que significava "duas vezes" em latim).

Eu te passei aquela lista de palavras *cognatas* ("nascidas juntas") do radical de *pé*, admiti que ela estava incompleta e não incluí a palavra que talvez seja a minha preferida. Pois é ela que agora vai permitir que esta conversa não fique com cara de fim, deixando, pra mim e pra você, o convite para um retorno.

Reler.

Repensar.

Nunca há de fazer mal.

Da cabeça aos pés viemos, dos pés à cabeça podemos voltar. Mas, acima de tudo, havemos de poder retornar ao mundo das palavras com a convicção maior de que não se trata de uma catadupa de termos sem pé nem cabeça, surgidos do nada e alterados pelo acaso. Cientes, agora, de uma riqueza bem maior.

Voltar à realidade com novos olhos e uma curiosidade ampliada.

Abrir os dicionários prestando mais atenção nos detalhes que estão logo além daquela definição rápida que normalmente a gente procura.

Quanta informação por trás de uma mera data de entrada, não é?

Quanta aventura na seção de etimologia!

Se alguma coisa me motivou, acima de tudo, durante a escrita deste livro, foi te pegar pela mão e dizer "Olha só se isto aqui não é incrível". Foi te fazer perceber a densidade absurda que embasa o nosso vocabulário mais cotidiano. Usar o que eu aprendi com uma série de professores, colegas e livros, para potencializar o que você agora pode saber, e no futuro haverá de descobrir, na nossa língua.

Usar as palavras referentes às partes da nossa anatomia, além de organizar a nossa expedição de um jeito simples, teve a vantagem de literalmente "dar corpo" a toda essa história e também de fazer com que o objeto da tua investigação fosse você.

Tua pessoa.

Tua persona.

(As duas palavras vêm do latim *persona*, a máscara que os atores usavam no teatro com a função de caracterizar seus personagens [outro derivado!], mas também de ajudar na projeção da voz, fazer com que ela soasse melhor, *per-sonare*.)

Teu corpo no espelho da língua.

Coragem, então.

Vamos àquela última palavra?

E, com ela, vamos sair do corpo e dos humanos.

Robert Burns, o bardo nacional da Escócia, escreveu uma das suas odes mais famosas em 1786. Nela, pedia que algum poder maior nos desse o dom de "nos ver como os outros nos veem". E ele via essa capacidade numa criatura pretensamente insignificante, minúscula, que no entanto nos considerava sua presa, nos atacava, nos predava e nos comia.

A todos nós.

Inclusive a bela dama elegante que Burns viu na igreja, sentada à sua frente. E que sem saber disso, acreditando ser um ente pleno, racional e dominante, era naquele momento apenas o terreno por onde caminhava a tal criaturinha predadora... um ameaçador piolho.

É claro que depois de tudo que a gente já caminhou você entendeu que a nossa palavra *piolho* deve ser um diminutivo. E é. Um *pediculus* é nada mais que um "pezinho", e a forma latina ainda se mantém no termo médico *pediculose*, que caracteriza a infestação por piolhos.

Pediculus > *peduclu* > *pedoclo* > *peoclo* > *peolho* > *piolho*.

Até eu, que por mera sorte nunca tive piolhos, consigo entender a referência à sensação de que há algo caminhando entre os cabelos da pessoa: uma infestação de *pezinhos* que correm pela cabeça da pobre vítima, da presa desse animalzinho minúsculo, guloso e poderoso.

Para nós, eles são essas patinhas e a coceira.

Para eles, somos casa, terra e restaurante.

Porque tudo, entre o céu e a terra, em meio aos homens e às mulheres, entre plantas e animais... tudo depende do ponto de observação. Tudo é relacional. Tudo é relativo. Foi isso que o piolho ensinou ao grande, imenso Robbie Burns naquela gélida igreja escocesa, e pode ensinar também a nós.

Acima de tudo, eles nos dão essa chance de nos vermos pelos olhos de outros. Outros seres. Outras perspectivas.

Virando tudo de cabeça para baixo, eles são *pezinhos* trançados no nosso *cabelo*, e assim dão uma cabriola e entortam a nossa linha que vinha vindo bonitinha da cabeça aos pés. Porque as patas dos tais dos piolhos estão lá no topo do nosso cocuruto (talvez do quimbundo *kulukuto*).

E nos levam assim de volta ao começo da nossa conversa.

É só irmos com esses pezinhos.

À nossa cabeça, onde tudo está guardado:

o conteúdo, agora, deste livro
um idioma, ou mais
teus pais
e palavras
passado

ancestrais
uma história
as histórias
ideias
imagens
pequenos poemas
metáforas
povos
monstrengos
sândis e suarabáctis
vozes, vozes (tantas vezes)
cismas
teimas
toleimas
caraminholas
cabriolas
sonhos
temores
encantos
apegos
afetos

Em outras palavras: você.

Agradecimentos

Em primeiro lugar, agradeço a Tom Zé e à infatigável Neusa, que me ajudaram a acreditar neste projeto.

Este livro teve uma primeira "encadernação" como parte da tese de titularidade que defendi na Universidade Federal do Paraná em agosto de 2024. E isso vale uma pequena história.

Passei dois anos escrevendo uma tese sobre James Joyce, só pra perceber, bem na hora de depositar a dita, que eu ainda não estava pronto para aquilo, que aquele projeto não me convencia. E foi aí que, comendo pizza com Felipe Hirsch e Guilherme Gontijo Flores, eles me perguntaram por que não transformar de uma vez por todas em tese esta ideia, que estava quicando lá no fundo da minha cachola. No dia seguinte, troquei algumas mensagens com Carlos Alberto Faraco, meu orientador eterno, sobre a viabilidade de apresentar um livro de divulgação científica como tese de titularidade. O Faraco me disse duas coisas que eu considerei definitivas e que definitivas foram: que no momento atual da nossa cultura divulgação científica é no mínimo tão importante quanto o são as "teses originais"; e que ele achava que o fundamental nesse ponto da nossa carreira era que a tese representasse o percurso de cada um. Começou ali uma corrida de 42 dias para entregar a tese nova sem perder demais os prazos da universidade.

Porque é isso. O meu percurso pela academia e fora dela tem de fato a cara deste livro.

Obrigado, como sempre, ao mestre Faraco.

E obrigado aos amigos inteligentes que me fizeram menos burro.

A banca que leu a tese (e aprovou, viu!) ajudou bastante no desenvolvimento da ideia geral e de vários detalhes do livro que você leu. Agradeço demais ao mesmo professor Faraco, a Maria Eugênia Lammoglia Duarte, Lilia Moritz Schwarcz, Mamede Mustafa Jarouche e aos membros suplentes, Teresa Cristina Wachowicz e Fábio Akcelrud Durão. Agradeço também ao Mauricio Mendonça Cardozo, que seria o presidente da banca se a tese fosse a outra, sobre Joyce, e com quem venho trabalhando desde que entrei na faculdade.

Vários colegas, de universidade, de literatura e de vida, leram o "manuscrito" antes de ele chegar à editora, e devo agradecer aos comentários sempre certeiros do

Guilherme Gontijo Flores, do Luisandro Mendes de Souza, do Rodrigo Tadeu Gonçalves e da Adelaide Hercília Pescatori Silva, aqui da UFPR, do André Tezza Consentino e do seu grande tio Cristovão Tezza, eterno vizinho, da Martha Batalha, mana Martha, que não apenas leu e comentou, mas "editou" todo o documento a lápis, *old school*, ao Mauricio Lyrio, que também me enviou dezenas de comentários e sugestões, ao Felipe Hirsch, semente do *Latim em pó*, ao comparsa Sérgio Rodrigues, a Bete Coelho e Gabriel Fernandes, constantes motores e motivadores, e a Lindsay Castro Lima, empolgadora máster.

Outro grupo de colaboradores veio com o projeto da exposição com curadoria de Daniela Thomas e deste que vos agradecimenta, inaugurada em 2025 no Museu da Língua Portuguesa, em São Paulo, e que tem várias similaridades com o projeto deste livro, escrito enquanto ela era concebida. A Daniela, além de ser um cérebro sem par, *mesmo*, foi uma parceira maravilhosa nesse projeto, assim como em tantos outros. Além dela, Isa Grinspum Ferraz (*la troisième demoiselle d'Avignon*), Demétrio Portugal e toda a equipe do museu foram importantes pacas para esse conteúdo ter hoje a forma que tem.

Gabriel Othero leu o livro já em cima da hora e ajudou demais a apertar o que estava frouxo e torcer o pescoço do autor preguiçoso.

O livro deve muito à leitura dessas pessoas todas. E você, especialmente, nem sabe do que eles te salvaram. Sendo que, é claro, muito ainda há de estar falho, e sempre por culpa, desatenção ou cabeça-durice minhas.

Aqui, na Companhia das Letras, agradeço ao time todo: Otávio Marques da Costa, que deu o ok pra mais essa proposta-relâmpago, Antônio Xerxenesky, que teve que me aguentar antes, durante e (prepare-se) depois, Ciça Caropreso, que preparou o original e higienizou geral a minha prosa caótica e descuidada, Willian Vieira e a nossa filóloga-mor Lucila Lombardi, que fecharam o trabalho dela com chave de ouro, Jane Pessoa e Clara Diament, pela revisão, e Alceu Chiesorin Nunes por mais uma capa incrível. Eu já dizia isto do *Latim em pó* e vou ter que repetir: a capa e o título são a melhor parte, depois é ladeira abaixo!

Fica, além e acima disso tudo, o agradecimento à minha mãe e ao meu pai, que fizeram de mim esta criatura estranha encantada por coisas estranhas, ao meu irmão e alter ego, Rogerio Galindo, à minha filha Beatriz, que me faz ver um mundo inteiro novo, e possivelmente melhor, ao meu primo Sandro, que é e sempre foi a minha sombra, o meu duplo, e à Sandra M. Stroparo,

que me aguenta e me empurra, me aceita e me estimula:
meu amor e minha companhia, todo dia.

Toda a vida.

Breve nota sobre as fontes

A pesquisa a respeito da história das palavras não cessa nunca. E um livro como este poderia citar bibliotecas e mais bibliotecas avançadas e aprofundadas. Ele certamente se serviu desse rio de outros textos e livros, mesmo nos casos em que consultou apenas uma fonte recente.

De onde veio a consolidação desses dados que permitiu que alguém, ontem ou poucos anos atrás, declarasse algo de maneira confiável?

Estamos, sempre, montados nos ombros dos grandões que vieram antes de nós.

Caso este livro fosse dirigido a um público versado especificamente nessas fontes e nessas pesquisas, a exposição mais minuciosa desses fios de informação seria obrigatória. Aqui, querendo conversar com... bom, basicamente com você — com todo mundo —, eu me propus um desafio diferente. A não ser em casos muito pontuais, me servi apenas de fontes fáceis de consultar.

A única delas que demanda dinheiro é o *Dicionário Houaiss da Língua Portuguesa*, que vive comigo, cotidianamente (do latim *quot dies*: todo dia), desde seu lançamento, lá em 2001. Eu tenho ainda um exemplar da primeira edição, em papel, tive o CD-ROM (!) e hoje uso a versão on-line disponível para assinantes.

Imprescindível.

Inclusive porque também ele se serviu de uma imensidade de fontes prévias para alimentar suas rigorosas informações etimológicas, tornando quase redundantes certos dicionários etimológicos publicados antes.

Especialmente as (poucas) datações de entrada que eu citei, vieram todas de lá.

Ou seja, eu, que traduzi o *Ulysses* depois de Antônio Houaiss, continuo me apoiando no trabalho desse indivíduo absolutamente impressionante. E se você quiser conferir alguma das coisas que apresentei aqui, o melhor caminho é começar fazendo o mesmo. Confie no Antônio.

Há outros belos dicionários de português disponíveis on-line, que você pode consultar de maneira gratuita. O Aulete, o Michaelis, o Priberam, por exemplo, têm dados etimológicos também.

Para questões mais amplas, de outros idiomas mas também do português, eu me servi bastante do Wiktionary, parte do projeto Wikipédia (não deixa de ser curioso lembrar que a palavra Wikipédia é formada do radical grego *paideia*, com o sentido de "educação", e do advérbio havaiano *wiki*, que significa "rápido", especialmente quando redobrado em "wiki wiki").

O Wikcionário, todo em português, é muito bom. Mas o site em inglês engloba os dados do português e de toda uma infinidade de idiomas.

Além disso, usei bastante o site Etymonline, também uma fonte excelente para as nossas viagens que vão até o indo-europeu, e que hoje tem até uma versão em português para o conteúdo das páginas.

O objetivo de limitar as minhas fontes a essas, acessáveis, acessíveis e amplamente divulgadas, é permitir que você verifique o que eu digo sem precisar confiar estritamente na minha palavra. Porém, esse objetivo de base acarreta ainda um outro, que é demonstrar que essas informações de base estão de fato ao alcance dos olhos dos interessados, ainda mais no nosso mundo conectado, internetudo e copioso. Não é um saber arcano, empoeirado, dominado apenas por velhos ratos de biblioteca, carecas, de oclinhos ovais (eu). É informação na ponta dos dedos e, logo, diante dos olhos de quem quiser e souber procurar.

O que falta às vezes é só a curiosidade.

E o que pode dar vida a esses dados todos é a criatividade, o repertório (sim): no fundo, tudo decorrente daquela mesma curiosidade ao longo de uma vida toda.

É exatamente isso que eu espero que você tenha tirado daqui.

Que as minhas obsessões de décadas, somadas a esse conjunto de dados que você pode manusear por conta própria, te mostrem um pouco do poder destas duas coisas: curiosidade e atenção. E te ponham de olhos e ouvidos mais abertos para a maravilha que é o idioma que nos cerca e nos concerne.

Muito obrigado, de verdade, pela leitura, pela paciência, pela tolerância, pelo interesse.

ESTA OBRA FOI COMPOSTA EM MINION PELO ESTÚDIO O.L.M. E
IMPRESSA EM OFSETE PELA LIS GRÁFICA SOBRE PAPEL PÓLEN NATURAL
DA SUZANO S.A. PARA A EDITORA SCHWARCZ EM MARÇO DE 2025

A marca FSC® é a garantia de que a madeira utilizada na fabricação do papel deste livro provém de florestas que foram gerenciadas de maneira ambientalmente correta, socialmente justa e economicamente viável, além de outras fontes de origem controlada.